L'ÉCOLE DE MARBOURG

Cohen – Natorp – Cassirer

« On peut donc dire que celui qui agit parfaitement est semblable... à un sçavant auteur, qui enferme plus de réalités dans le moins de volume qu'il peut... »

Leibniz, *Phil. Schrift.*, IV, 430.

DU MÊME AUTEUR

A LA MÊME LIBRAIRIE

L'ŒUVRE DE KANT. *La philosophie critique.*
Tome 1 : *La philosophie précritique et la critique de la raison pure.* 1969, 4e éd. 1989, in-12 de 356 pages.
Tome 2 : *Morale et politique.* 1972, 3e éd. 1988, in-12 de 292 pages.

L'ŒUVRE DE FICHTE. 1984, in-12 de 226 pages.

ESSAIS DE PHILOSOPHIE DE LA GUERRE. 1976, 2e éd. 1988, in-8 de 268 pages.

ETUDES KANTIENNES. 1982, in-8 de 216 pages.

LA LIBERTE HUMAINE DANS LA PHILOSOPHIE DE FICHTE. 1966, 2e éd. 1980, in-8 de 352 pages.

THEORIE ET PRAXIS DANS LA PENSEE MORALE ET POLITIQUE DE KANT ET DE FICHTE EN 1793. 1968, 3e éd. 1988, in-8 de 228 pages.

SCHOPENHAUER. Une philosophie de la tragédie. 1980, in-8 de 272 pages.

JEAN-JACQUES ROUSSEAU ET LA PENSEE DU MALHEUR. 1984, 3 volumes in-8 de 1.008 pages.

LA THEORIE KANTIENNE DE L'HISTOIRE. 1986, in-8 de 254 pages.

L'ECOLE DE MARBOURG. 1989, in-12 de 210 pages.

Traductions et commentaires de textes de Kant, Fichte, Hegel.

Collection fondée par G. DAVY,
continuée par F. ALQUIÉ,
dirigée par N. GRIMALDI, M. MALHERBE et
A. PHILONENKO

A LA RECHERCHE DE LA VÉRITÉ

A. PHILONENKO

Professeur à l'Université de Rouen

L'ECOLE DE MARBOURG

Cohen — Natorp — Cassirer

LIBRAIRIE PHILOSOPHIQUE J. VRIN
6, PLACE DE LA SORBONNE, Ve
PARIS

1989

Printed in France

ISBN 2-7116-0992-8

Pour Cl. Drevet
avec mon amitié

INTRODUCTION

Il en va de l'Ecole de Marbourg comme de la philosophie de Fichte si on veut l'entendre correctement : elle ne possède pas un point de départ absolu et ses origines sont multiples, lentes à se coaliser[1]. Le moment rétrospectivement le plus important dans le climat de l'époque, fut l'effondrement de la grande métaphysique allemande postérieure à Kant. Le règne de Hegel ne s'étendit guère au-delà de 1840, car non seulement il fut brillamment réfuté par Feuerbach au point de vue spéculatif[2], mais encore sa philosophie de la nature, dominée par un anti-mathématisme vigoureux et opposée à la théorie de Newton, se retourna contre l'édifice qu'il avait élaboré avec tant de soin, puisqu'il était clair qu'un segment fondamental du *système* était insoutenable[3]. Schopenhauer fit sans doute illusion. Longtemps occultée par le système de Hegel, sa philosophie ne posséda une gloire et une influence réelle que peu de temps. Là encore c'était la critique de la mathématique et des

1. Cf. Alexis Philonenko, *Théorie et praxis dans la pensée morale et politique de Kant et de Fichte en 1793*, p. 8.
2. Alexis Philonenko, *La jeunesse de Feuerbach*.
3. Pour Hegel sa philosophie formait un *système*, qui total, s'effondrait si un moment se brisait. C'est ce qui est arrivé avec sa théorie de la nature ; c'est ce qui a historiquement discrédité son œuvre. C'est être fort hypocrite, comme de nos jours, que de faire abstraction de ce malheureux moment, comme si le reste pouvait subsister sans lui. Hegel est le philosophe dont la conception des sciences est fausse.

sciences exactes, fortement influencée par Gœthe[1], qui fut jugée insoutenable[2]. Du sein de cet effondrement – tandis que les sciences sociales sous l'impulsion de Marx se développaient[3] – jaillit une aspiration, une volonté de retour à la science. En 1883 alors que l'Ecole de Marbourg s'était constituée, Hermann Cohen – qu'on regarde à juste titre comme son fondateur – caractérisa avec netteté dans son livre sur *Le principe de la méthode infinitésimale et son histoire* l'orientation décisive retenue : «L'idéalisme en général ramène les choses aux phénomènes et aux idées. En revanche la critique de la connaissance dissèque la science dans les *présuppositions* et les *principes,* qui sont supposés dans leurs lois et pour celles-ci. Comme critique de la connaissance l'idéalisme a moins pour objet les choses... que les *faits scientifiques.*»[4]

Sans doute Cohen ne fut-il pas le seul à tenter de retrouver la vérité de la science – l'époque, 1860-1920 peut avec une série de corrections être jugée positiviste, si par positivisme on entend un respect de la philosophie pour la science classique. Mais il entendit avec une force croissante l'avertissement de Kant : «... comme dans toute théorie de la nature, il ne se trouve de science proprement dite que dans la mesure où il s'y trouve de la connaissance *a priori*, on en conclura que la théorie de la nature contient de la science proprement dite dans l'exacte mesure où les mathématiques peuvent être

1. Gœthe, *Newtons Persönlichkeit,* in *Geschichte der Farbenlehre,* Hamburgerausgabe, Bd. 14, *Naturwissenschaftliche Schriften* II, 170 sq.

2. Voir en effet la profession de foi gœthéenne et anti-newtonienne de Schopenhauer dans sa théorie des couleurs, cf. A. Schopenhauer, *Textes sur la vue et sur les couleurs,* Introduction, traduction et notes par M. Elie, Vrin 1986, 115.

3. H. Dussort, *L'Ecole de Marbourg,* Paris, 1963, 67. Dussort a entièrement raison de dire que par Marx : l' "esprit" est ramené du ciel de la spéculation absolue à la terre des recherches psychologiques. Dans sa note 2 il fait à juste titre allusion à Feuerbach.

4. H. Cohen, *Das Prinzip der Infinitesimal-methode und seine Geschichte,* Suhrkamp, 1968, 49.

appliquées dans cette théorie.»[1] Certes, en 1862, dans un texte demeuré célèbre, *Sur la signification et la tâche de la théorie de la connaissance,* Zeller donnait le mot d'ordre : «Retour à Kant!»[2] et Cohen, dans un premier temps, donnera son adhésion, refusant au nom de la science toute philosophie qui, comme celle de Schelling, dégénère en mythologie[3]. Mais tandis que Zeller opère dans la philosophie kantienne des distinctions, repoussant, sous l'influence en ceci toujours vivace de Fichte, le concept de chose en soi, Cohen peu à peu s'attachera à *justifier* intégralement, selon l'orientation retenue, la totalité de la pensée kantienne[4]. Certes il y a des thèmes discutables dans la pensée de Kant; aucun ne permet de contredire radicalement l'œuvre transcendantale[5].

Un autre moment décisif accompagnait cette orientation vers la légalité scientifique : l'*éthique.* On peut lui donner deux sources. D'une part on doit tenir compte de la formation religieuse juive très poussée de Cohen, qui illuminera un de ses plus beaux ouvrages, *La religion de la raison*[6], ouvrage posthume qui dans une grande élévation de pensée unifie ses nombreux écrits de philosophie religieuse. D'autre part, en dépit des critiques qu'il devait lui adresser dans sa *Fondation kantienne de l'éthique,* Cohen demeura toujours influencé par la très haute portée que Fichte conférait à l'éthique.

Ces deux moments se lièrent dans la fondation même de l'*Ecole de Marbourg.* Dans son premier effort pour justifier

1. Kant, AK. Bd IV, 470.

2. Ce texte est la leçon inaugurale de Zeller à Heidelberg.

3. X. Tilliette, *Schelling, une philosophie en devenir,* T. II, Paris, Vrin, 1970.

4. Ce fut au point que, pour Cohen, réfuter un adversaire de Kant est justifier ce dernier. Dussort, *op. cit.,* 86. Le résultat ne fut pas toujours heureux.

5. On s'explique par là certaines acrobaties de Cohen, notamment dans la philosophie de la religion, cf. *La fondation kantienne de l'éthique,* 2e ed., 1910 (désormais KBE), 459.

6. H. Cohen, *Religion der Vernunft,* 2e Auflage, Darmstadt, 166.

Kant, comme philosophe des sciences vraies, Cohen rédigea l'ouvrage qui le rendit célèbre : *La théorie kantienne de l'expérience*. Il le soumit à F. A. Lange, auteur d'une *Histoire du matérialisme* (1866), expliquant à ce dernier, dans une lettre du 16-XI-1871, qu'il ne pouvait qu'être d'accord sur l'essentiel. Lange, loin de s'offusquer, décida de donner son appui au jeune Cohen, qui effectivement grâce à lui, devint son successeur comme professeur ordinaire le 1er mars 1876 : il était âgé de trente-quatre ans et, travailleur acharné, il avait rédigé sa *Fondation kantienne de l'éthique*, qui, du point de vue de la morale, complétait la logique de la *Théorie kantienne de l'expérience*[1]. Science et morale allaient se lier indissolublement dans le développement de l'Ecole de Marbourg et la tentation sociologique – réduction du fait moral au fait social comme "chose"[2] – allait être écartée au profit d'un approfondissement de l'*a priori*.

H. Holzhey dans son livre monumental – *Cohen und Natorp* – a retracé la carrière et les tendances de P. Natorp qui fut regardé comme le co-fondateur de l'Ecole de Marbourg. Plus jeune de douze années que Cohen – il était né en 1854 – Natorp apparut d'abord comme un helléniste et un historien avisé. Son premier écrit (couronné) s'intitule : *Dissertatio quos auctores in ultimo belli Peloponesiasi annis describendis secuti Diodorus Plutarchus Cornelius Justinus*. C'est seulement après quelques difficultés que Natorp obtint le 8 août 1893 le rang et le titre de professeur ordinaire à l'Université de Marbourg qu'il ne quitta jamais, non plus que Cohen. Il est difficile de porter immédiatement un jugement sur l'œuvre de Natorp. Il sembla longtemps se tenir à l'ombre de Cohen, forte personnalité, dont il subissait incontestablement l'influence et même son ouvrage le plus célèbre *Plato's Ideenlehre* (1902) a été jugé trop dépendant

1. On peut même se demander si la KBE n'était pas le vrai livre sur Kant.

2. H. Holzhey, *Cohen und Natorp*, 2 vol., Stuttgart, 1986, 2 et 4.

des thèses de Cohen. Son écrit posthume, préfacé par Gadamer, *Philosophische Systematik,* développe une métaphysique par certains côtés étrangère à celle de Cohen. Notons qu'il est nécessaire depuis les documents publiés par H. Holzhey de regarder Natorp comme un critique interne de Cohen[1].

Gawronsky dans son article critiquable : *The philosophy of Ernst Cassirer,* explique par une plaisanterie la venue à Marbourg de celui qui allait, peut-être, lui donner son plus vif éclat. Simmel – auteur d'une célèbre *Philosophie de l'argent* – aurait déclaré dans un cours : «Les meilleurs livres sur Kant ont sans aucun doute été écrits par Hermann Cohen, mais je dois confesser que je ne les comprends pas». Le jeune E. Cassirer, qui figurait parmi les auditeurs, aurait alors décidé de rejoindre Cohen. On possédait déjà un ouvrage de Natorp au titre assez provoquant : *La théorie de la connaissance de Descartes, études sur la préhistoire du criticisme* (Marbourg, 1882).Celui de Cassirer, composant une analyse préalable du cartésianisme, s'intitulait : *Leibniz' System in seinen wissenschaftlichen Grundlagen*[2] (Marbourg 1902). Ouvrage monumental, rédigé dans une langue d'une admirable clarté[3], le travail de Cassirer contribua à fortifier l'image qui à l'étranger se formait de l'Ecole de Marbourg : une tentative philosophique pour, à partir d'une nouvelle lecture de Kant, réinterpréter l'histoire de la philosophie. Avant Kant de lents progrès vers le principe fondateur, le sujet du savoir saisi en dehors de l'habituelle compréhension psychologique – après Kant la rechute dans le psychologisme, par exemple chez Fichte et

1. Voir les inédits publiés par Holzhey dans son second vol. Cf. surtout, 40-76.

2. *Le système de Leibniz dans ses fondements scientifiques.* Cf. M. Gueroult, *Dynamique et métaphysique leibniziennes* qui porte un jugement très sain sur l'ouvre de Cassirer.

3. Une des grandes forces de Cassirer, c'est la clarté jamais démentie de son style ; il n'est jamais obscur comme les disciples de Hegel et de Heidegger.

Schopenhauer. C'est en ce sens que, par exemple, L. Brunschvicg, cependant plus fichtéen[1], devait comprendre l'Ecole de Marbourg. Ce qui frappa beaucoup les contemporains fut ce que l'on peut appeler le retour *vivant* et *systématique* à l'esprit kantien. Pour Cohen, Natorp, Cassirer[2], Kant n'était pas un auteur ayant, en son temps écrit des choses sagaces – comme tant d'autres –, mais il était à la fois le vrai maître et l'interlocuteur présent. Longtemps l'Ecole de Marbourg tendit tous ses efforts à comprendre Kant et à en retirer des leçons vraiment actuelles. Ensuite l'esprit de Marbourg s'inspirait de Kant pour développer selon les règles de l'architectonique kantienne les problèmes fondamentaux de la philosophie.

Et, comme si l'assise historique était déjà inébranlable, Cohen entreprit en 1902 – l'année donc où était paru le livre de Cassirer sur Leibniz – la publication de son *Système de la philosophie*. Aux deux grands livres sur la théorie de l'expérience et sur la fondation de la morale de Kant était venu s'ajouter, un peu tardivement (1889), un ouvrage sur *La fondation kantienne de l'esthétique,* portant sur la *Critique de la faculté de juger* et dont la vraie faiblesse, soulignée par V. Basch, – entre autres judicieuses critiques[3] – consistait en l'incapacité où s'était trouvé Cohen d'unir les deux parties de la troisième et dernière critique de Kant. Mais enfin les trois grandes critiques de Kant avaient été justifiées. A chacune d'elles Cohen fit correspondre une recherche, l'unité de ces recherches constituant le *Système de la philosophie*. A la *Critique de la Raison pure* répondait *La logique de la connaissance pure,* à la *Critique de la raison pratique,* l'*Ethique du vouloir pur* (1904), enfin à la *Critique*

1. L. Brunschvicg, *Le progrès de la conscience dans la philosophie occidentale,* 2e ed., T. I, 334 sq. *La modalité du jugement,* 2e ed., p. 82.

2. Lettre de Natorp à Vaihinger, 20 nov. 1916, Holzhey, *op. cit.*, Bd II, 460-61.

3. V. Basch, *Essai critique sur l'esthétique de Kant,* Paris, 1896, 51 par exemple.

de la faculté de juger, l'*Esthétique du sentiment pur* (1912). Considéré du dehors, le *Système de la philosophie* pouvait passer pour un rajeunissement des travaux de Kant. Une difficulté plus secrète l'habitait. On sait la polémique qui opposa Kant et Fichte. Ce dernier avait soutenu que dans ses *critiques* Kant avait établi le fondement de la méthode philosophique – et Kant dit, en effet, explicitement que la *Critique* de la Raison pure est le *Traité de la méthode,* non le système. Il fallait donc, selon Fichte[1] établir le système. Kant, offusqué , répliqua que rien de tel ne devait retenir l'attention du savant et que la fondation était déjà le système. A vrai dire, pour la clarté de la polémique, il eût été souhaitable qu'à côté du *Traité de la méthode*, de *La Critique de la Raison pure*, on pût trouver dans l'œuvre de Kant un exposé du système de la philosophie transcendantale. Cet exposé fait défaut. On se voit alors renvoyé de l'affirmation selon laquelle la *Critique de la Raison pure* n'est qu'un traité de la méthode à celle suivant laquelle la méthode est le système. Fichte passa outre et négligea les arguments assez pauvres de Kant. Il établit dans sa première version de *La Doctrine de la Science* les principes du système et développa ensuite organiquement le système (surtout selon l'éthique et le droit[2]). En un sens Hegel fit de même : dans sa *Science de la Logique* (qu'il faudrait traduire *Métaphysique du Logos*), il établit le principe spéculatif sur lequel tout vrai savoir devait reposer. On voit, qu'à première vue, Cohen se rallia à Fichte. *L'Ethique du vouloir pur*, par exemple, se fonde sur la *Critique de la raison pratique* sans s'y trouver contenue, tandis qu'elle traite, pour ne souligner qu'un point, de la relation entre l'Etat et l'éducation. Mais établissant ainsi le système de la philosophie transcendantale, Cohen réagit contre l'orienta-

1. Alexis Philonenko, *L'œuvre de Fichte. La liberté humaine dans la philosophie de Fichte*, 2e ed., 99.

2. Fichte, *Œuvres choisies de philosophie première* (Alexis Philonenko), *Ecrits de philosophie première, La Doctrine de la Science* de 1802, Texte et commentaire analytique, T. 1 et 2 (Alexis Philonenko).

tion finale de Fichte et de Hegel déterminée par une théologie transcendante[1].

Nous ne possédons pas une œuvre de Natorp. On peut formuler l'hypothèse assez vraisemblable que Cohen semblait toujours le devancer. Par l'exemple l'ouvrage qui correspond le mieux aux problèmes soulevés en 1902 dans la *Logique de la connaissance pure* de Cohen – texte sur lequel Natorp a beaucoup travaillé – est : *Les fondements logiques des sciences exactes* et il ne paraît qu'en 1910. Seule une analyse très fine et poussée en profondeur permet de discerner l'originalité de Natorp. Brillant savant, helléniste hors pair, philosophe excellent, Natorp semble bien avoir été d'une certaine manière refoulé dans l'ombre par Cohen. Paradoxalement, conseillé par Cohen[2] il se proposa de réaliser une "psychologie universelle" (*Allgemeine Psychologie*), et s'approcha de Dilthey et de Husserl. Mais celui que Gadamer nomme le *Methodenfanatiker* de Marbourg ne s'éleva pas pour autant à une vue systématique aussi vaste que celle de Cohen.

C'est à Cassirer, historien hors pair, que ce destin était réservé. Esprit rigoureux mais aussi merveilleusement doué pour l'analyse littéraire – comme le prouve son écrit *Liberté et forme* qui comprend des pages de grande valeur sur Gœthe et Shakespeare –, Cassirer était, de tous les membres de l'Ecole de Marbourg, le plus capable de saisir non seulement la vie de la science, mais aussi celle de l'esprit. Après la publication d'un livre théorique intitulé *Le concept de substance et le concept de fonction*, il va dans le système de la *Philosophie des formes symboliques* par delà la science rejoindre les grandes fonctions de l'esprit humain : le mythe, le langage, la perception et naturellement le savoir. Dans

1. C'est surtout vrai de Hegel. Au demeurant Cohen n'a rien retenu de l'organisation dialectique de Hegel. Rien n'est plus contraire à Cohen que les déclarations de Hegel au début de la *Wissenschaft der Logik* (Lasson, Bd I, 31).

2. Gadamer, *Die Philosophische Bedeutung Paul Natorp* in Paul Natorp, *Philosophische Systematik*, XII.

cette œuvre magistrale, dont la publication commence en 1922 Cassirer abandonne, en un sens, l'idée de système, dans la mesure où sa rigidité la rend contraignante, et élabore une phénoménologie intellectualiste. Beaucoup s'inspireront de lui et dans tous les cas, content ou non, Maurice Merleau-Ponty en fera grand cas dans sa *Phénoménologie de la perception*[1]. Mais bientôt allait se faire sentir l'influence de la phénoménologie de Husserl et de Heidegger. Cassirer accepta de confronter sa pensée avec celle de l'auteur de *Sein und Zeit* dans un débat *Sur le Kantisme et la Philosophie*, qui se déroula, à Davos en mars 1929, dans un climat politique difficile[2]. Juif et *Aufklärer*, au bon sens de ce terme, E. Cassirer n'éprouvait pas les sympathies de Heidegger pour le parti nazi[3]. Derrière la discussion on pouvait deviner une opposition politique. Cette rencontre de Davos fut mal jugée. On regarda les propos de Cassirer comme autant de thèses classiques visant à rétablir le seul principe d'une philosophie des Lumières et Heidegger se prononçant pour l'ontologie sembla plus brillant que jamais et d'une certaine façon fut déjà entrainé plus qu'il ne le voulait dans l'idéologie nazie.

Il est juste de dire que les deux grands philosophes souffrirent des résultats de cette brillante conférence. Peu après, recteur de l'Université de Hambourg, E. Cassirer donna en

1. Maurice Merleau-Ponty, *Phénoménologie de la perception* (5e ed) p. 160 et suiv.

2. Après le putsch de 1924 le parti nazi s'était reconstitué et pesait sur la vie de la nation allemande tout entière. W. L. Shirer, *Le troisième Reich des origines à la chute*, Paris 1961, T. 1. Joachim Fest, *Hitler, Jeunesse et conquête du pouvoir*, Paris 1973, T. 1. – Les actes de cette conférence ont été publiés en français : Ernst Cassirer, Martin Heidegger, *Débat sur le Kantisme et la Philosophie* (Davos, mars 1929) et autres textes de 1929-1931, présentés par Pierre Aubenque, traduits de l'allemand par P. Aubenque, J.-M. Fataud, P. Quillet. Paris 1972.

3. On sait toute la récente polémique engagée au sujet des rapports de Heidegger avec le nazisme. F. Fédier, *Heidegger, anatomie d'un scandale*, sans toujours avoir raison sur le fond, a su établir avec bonheur les horizons de discussion.

1931 un grand cours sur la philosophie des Lumières[1] et ce fut l'exil. D'abord la Suède, puis les Etats-Unis. Les leçons sur la philosophie des Lumières, extrêmement courageuses de la part du Juif Cassirer, en une époque déjà si troublée pour la communauté juive allemande, constituent le testament intellectuel, moral et spirituel de l'Ecole de Marbourg. Heidegger fut-il heureux? Au fond nous n'en savons rien. *Sein und Zeit* appelait un second volume[2]. Peut-être qu'engagé, malgré lui, dans des querelles et des difficultés qu'il n'attendait pas, le grand maître de la phénoménologie ne réussit pas à dominer cette tâche, se repliant sur un travail plus facile pour lui : l'interprétation des doctrines philosophiques.

1. Cf. E. Cassirer, *Die Philosophie der Aufklärung*, Tübingen 1902. Le texte de Cassirer a été traduit par E. Quillet.

2. C'est ce que donne à penser le § 83 de *Sein und Zeit*. Je profite de cette citation pour saluer l'intelligente et belle traduction de notre collègue E. Martineau.

LES FONDATEURS COHEN ET NATORP

I

LE RETOUR A KANT

Le principe fondamental

§. 1 - C'est donc en 1871 que H. Cohen achève son œuvre maîtresse : *La théorie kantienne de l'expérience.* Il est juste de dire que dans les éditions suivantes de l'ouvrage, croyant que réfuter c'est encore interpréter Kant, Cohen en un sens mutilera son exposé, l'encombrant de développements parallèles, dont l'utilité nous semble actuellement peu évidente. Ce sont cependant ces éditions complétées qu'il faudra suivre, et naturellement la dernière, celle de 1918. Comme on l'a fait sentir dans l'introduction, H. Cohen jugeait que la compréhension de la pensée kantienne s'était, au point de départ même, effondrée dans la psychologie et que la notion de sujet, en particulier, avait sous la forme pré-critique envahi le kantisme. Le sujet devenait donc aussi bien le sujet de l'émotion que de l'expérience – le sentir était une modalité de l'âme comme le savoir. La grande idée de Cohen est qu'au point de vue de la psychologie les normes de vérité et d'erreur ne sont pas pertinentes. Soit un jugement vrai et un jugement faux. Distincts au point de vue de la logique transcendantale, ils ne le sont pas au point de vue de la psychologie – même considérée comme une science – qui peut seulement y voir deux *événements*, aussi réels l'un que l'autre. On voit par là combien était aberrante une interprétation psychologique du sujet kantien : et pourtant en allant de Fichte à Apelt et Fries sans oublier Schopenhauer (KTE, 477) elle apparaît dominante. Comment dès lors en admettre la perpétuation comme fondement de la science ?

Au demeurant la psychologie est allée plus loin encore : elle a prétendu, selon Cohen, s'ériger en principe ontologique universel. Montrant les prétentions de la *Doctrine de la Science* Cohen conclut : « *La conscience de soi* est proposée comme source et garantie des *lois naturelles* et Fichte serait l'héritier légitime de Kant» (KTE, 397). Incapable de distinguer un jugement vrai d'un jugement faux, la psychologie en vient à poser le sujet comme la *source* des lois de la nature, comme la source du monde. Ne s'avisant pas de son incompétence dans la théologie du jugement, palier par palier, la psychologie devient psychologisme et se propose comme doctrine du monde.

Il est vraisemblable que H. Cohen – qui connaissait les prétentions fichtéennes au réalisme[1] – n'a pas en son fort intérieur le sentiment d'avoir prêté cette doctrine à Fichte ou même Schopenhauer : mais il avait le sentiment que la conscience de soi, telle que Fichte la comprenait, le conduisait à un idéalisme subjectif, défini pour la première fois par Schelling et fondant plutôt un rêve qu'un savoir.

Et quand bien même le prétendu idéalisme issu de Kant eût-il voulu renier une telle ontologie, il se fût limité à n'être qu'une description d'événements mentaux dont il n'aurait pu dire lesquels étaient des connaissances, et encore moins les fonder en tant que tels. La conviction d'H. Cohen est que, dès sa parution, la philosophie transcendantale fut travestie en un psychologisme, dont la véritable origine étaient les doctrines classiques – surtout celles de Locke et de Malebranche – dont il voulait s'écarter. Qu'est-ce que le *sujet* transcendantal? Selon Cohen, Kant a clairement défini celui-ci : «L'unité synthétique de l'aperception est donc le point le plus élevé auquel on doit rattacher tout l'usage de l'entendement, la

1. Alexis Philonenko, *La liberté humaine dans la philosophie de Fichte, L'œuvre de Fichte*. Tous les interprètes de Fichte s'accordent actuellement à rejeter son prétendu idéalisme subjectif ontologique au bénéfice du concept d'idéalisme sémantique. Cf. le compte rendu de *L'œuvre de Fichte* dans le *Journal de l'académie des Sciences de Moscou*. Compte rendu net et objectif.

logique même tout entière et, après elle, la philosophie transcendantale ; cette faculté est bien sûr l'entendement même». (K. d. r. V, B 133). L'aperception signifie chez Kant une *règle* : «Le *Je pense* doit pouvoir accompagner toutes mes représentations» (*Ibid.*, B 131). Cette règle signifie d'une part une activité synthétique possible : dans tout le détail de ma connaissance, le *Je pense* doit pouvoir intervenir comme principe de liaison, rattachant dans la nécessité des connaissances les représentations qu'elles enveloppent. Dès lors : ou bien le *Je pense* peut opérer l'unité synthétique et alors il y a connaissance – ou bien il ne trouve que des moments disparates, et, détruit en lui-même comme fonction unifiante, il atteste par là du manque de connaissance. (KTE, 408). D'autre part, en tant qu'unité synthétique suprême le *Je pense*, comme règle et non événement mental (comme on le voit chez Descartes, KTE, 47) est principe. On exprimerait, quoique hardiment, la pensée de Cohen, à partir de ces déterminations, en affirmant que selon lui Kant a défini le *sujet même comme la science effective*, saisie comme mouvement vers le réel, et dont les principes sont au sommet le *Je pense*, principe d'unité, assimilé, comme on le voit dans la note où il est question de la philosophie transcendantale, à l'entendement lui-même et à l'unité de la synthèse.

§. 2 - Pourquoi la science *comme expérience*, dont la philosophie transcendantale est *l'analyse complète*, par là-même justificatrice et fondatrice, a-t-elle été manquée au profit d'un psychologisme sans vérité ? Le germe de la confusion selon Cohen était déjà dans le début héroïque de Descartes. Dès ses premières recherches, principalement dans les mathématiques, Descartes avait vu que les choses «devaient être fondées et dégagées, dans l'esprit même et dans ses lois» (KTE, 42). En ce sens il suivait la pensée platonicienne de l'*anamnesis* en soulignant dans le Cogito le *moi-même*. Mais bien vite il tomba dans le piège psychologique des *idées innées*, donnant naissance à la question de savoir si les idées étaient innées, donc en moi, ou acquises et extérieures. Règle, l'idée devenait chose, principe méthodique, elle se décomposait en événement mental. Cohen montra dans le principe suprême cartésien la faute. Dans le *Cogito ergo sum*, le *sum* conduisait à l'ontologie et obscurcissait le *Cogito* comme criterium de la connaissance des choses. Descartes en vient à soutenir que l'inné, le principe, le criterium est l'essence de l'esprit, la substance de la pensée. «Mais sont-ils aussi bien méthodiques que les concepts de l'arithmétique, ou les créations de la géométrie, produits de la pensée?» (KTE, 47). Peut-on confondre l'objet géométrique et une réalité psychologique? A partir de là tout s'est brouillé. Descartes de par sa théorie des mathématiques est l'origine de l'idéalisme transcendantal – mais par sa doctrine des idées innées, il a conduit la philosophie à se diviser en sensualisme et intellectualisme, et aussi, de par sa position de l'âme comme substance, à s'opposer en matérialisme et spiritualisme. La tâche de Kant consista à dissocier ce que Descartes avait confondu et restaurer la science.

§. 3 - La philosophie kantienne est une théorie de l'expérience. Le mot *expérience* appelle une détermination immédiate et précise. Un objet dégagé dans l'expérience est saisi selon les lois mathématiques de la physique, et les objets de la physique dans leur totalité constituent l'*expérience*. (KTE, 526-527). Aussi la théorie kantienne n'est pas une théorie de la *représentation* au sens que Schopenhauer donne à ce mot, voulant qu'il recouvre à la fois l'objet *connu* (et comme tel reproductible puisque l'on possède l'unité de sa synthèse, c'est-à-dire la loi de sa production) et l'objet *représenté* (qu'on ne saurait reconstruire puisque la représentation est représentation immédiate des choses par exemple ce coucher de soleil). Il s'ensuit que les seules objections qui puissent être présentées au criticisme sont celles suscitées par un objet fondé sur les lois mathématiques et ce fut le cas avec la doctrine de la Relativité généralisée[1].

Cette théorie de l'expérience doit dégager les principes qui fondent le savoir physico-mathématique systématique. Cohen ne cache pas l'apparente aporie. Les principes semblent très nombreux. « La philosophie ne devrait-elle pas se contenter de souligner les éléments de la connaissance, qui apparaissent... comme des facteurs constants ? » (KTE, 96). Il réplique et c'est la thèse qui fonde son interprétation (et même plus tard sa doctrine) : « Contre cette opinion à courte vue, il y a un fait qui déjà donne beaucoup à penser : *très peu nombreux sont les concepts fondamentaux qui ont été découverts ;* dans toutes nos méthodes et dans les résultats nous opérons principalement et de préférence, avec les concepts fondamentaux mêmes que nous ont légués les Grecs, nos maîtres à penser scientifiques » (KTE, 97). Evidemment devant l'infini de l'expérience on pourrait penser à une multiplicité de principes – mais en réalité les méthodes de l'esprit humain sont peu nombreuses, et fonder l'expérience ne consiste qu'à savoir les lier. On peut observer que cette thèse n'est pas nouvelle, même si l'on en prend une claire conscience. Un Fichte ou un Hegel, par exemple, n'envisagent pas un tableau bien différent des catégories ; c'est la méthode par laquelle Kant les a trouvées qu'ils contestent[2]. Or loin de vouloir déterminer les catégories par une déduction *a priori*[3], Kant les a dégagées des sciences et de leur histoire. Le nombre réduit des principes a eu

1. Ce fut la question que se posa E. Cassirer, examinant les thèses d'Einstein. Constatant que la physique newtonienne était moins réfutée qu'englobée (maintenue comme macro-physique) il,défendit l'esprit kantien, cf. E. Cassirer, *Zur modernen Physik*, Oxford, 1957, 3-107.

2. Hegel, *Phaenomenologie des Geistes* (Hoffmeister), 179.

3. *The Philosophical Forum*, XIX, 2 - *A Special Double issue :* Fichte and contemporary Philosophy - Alexis Philonenko, *Fichte and the Critique of the Metaphysics*. Voir aussi (à paraître) Alexis Philonenko, *Etudes d'histoire de la philosophie moderne (La critique hégélienne de l'idéalisme transcendantal dans la Phénoménologie de l'Esprit)*.

beaucoup d'importance; par exemple Paul Natorp a pu écrire une *Doctrine platonicienne des Idées* qui éclaire la Critique de la Raison pure elle-même.

Ce n'est pas encore le moment de définir la relation chez Kant de l'analytique et du synthétique. Posons simplement que la catégorie de la grandeur en ses trois formes (moment analytique) liée à l'espace (comme force de l'intuition, moment synthétique) est un principe : celui des axiomes de l'intuition. Or un *principe* n'est pas une *loi de la nature*. Une loi de la nature *détermine* l'objet comme cas particulier d'une loi – et il y a beaucoup de lois. Le principe en revanche définit l'objet comme un objet susceptible d'être en général légalement déterminé, il rend sa *déterminabilité* possible. (KTE, 527) – Si on maintient que tous les principes convergent dans le principe suprême, si l'on comprend que celui-ci comme principe de l'unité de la conscience est celui de l'unité de l'expérience, et que l'unité de l'expérience est en même temps l'unité des objets de l'expérience – objets posés comme *déterminables* selon les principes, alors nous pouvons formuler le principe suprême comme celui de l'*unité de l'objet*, car l'objet n'est comme tel que dans l'unité de la conscience. – On voit comment la détermination des principes (peu nombreux) conduit immédiatement à l'unité de l'expérience, comme unité de l'expérience et unité des objets de l'expérience dans l'unité de la conscience. La tâche consiste d'une part à unifier organiquement tous les moments et d'autre part à examiner l'objet selon chaque principe, spécifiant ainsi le principe suprême de l'expérience possible (KTE, 527-637). Cohen détermine ainsi de manière générale la pensée transcendantale, la séparant tout à la fois du psychologisme et de la spéculation post-kantienne : « La méthode transcendantale, dans la mesure où elle dirige ses déductions selon le fait de la physique mathématique, ne part pas d'un quelconque absolu, mais de l'expérience « comme quelque chose de tout à fait contingent » et c'est dans ce point de départ que se situe la fierté et l'humilité de la philosophie critique, sa ferveur pour la vérité scientifique et sa compréhension de ses limites» (KTE, 527)

§. 4 - L'*image* de l'idéalisme était née d'une fausse lecture de l'*Esthétique transcendantale*. On sait comment Kant dans l'exposition métaphysique de l'espace avait déterminé celui-ci comme «une représentation nécessaire *a priori* qui est au fondement de toutes les intuitions extérieures» (K. d. r. V, B 38). Se fondant sur le mot *représentation*, Fichte d'abord, si la *Doctrine de la Science nova methodo 1798* est fiable (elle fut rédigée par des étudiants), parla d'un "verre coloré" à travers lequel nous percevons les choses, de même en fut-il de Schopenhauer[1].On ne tint pas compte en cette lecture absurde que Kant, dans l'exposition métaphysique, avait immédiatement précisé que cette représentation était une *intuition*. Cette détermination de l'espace au point de vue extérieur, c'est-à-dire métaphysique, était le résultat de la combinaison de propositions négatives (par exemple : l'espace n'est pas un concept empirique). Aussi bien était fondée extérieurement la valeur synthétique des jugements mathématiques géométriques, puisque, reposant sur l'intuition, ils se séparaient des constructions logiques. Au demeurant la dernière proposition de l'exposition métaphysique de l'espace, dégageant son infinité, suffisait à en fonder la valeur synthétique par opposition au concept clos. Principe des jugements scientifiques géométriques l'espace, comme intuition, est donc la méthode qui rend possible l'a priorité de la mathématique. (KTE, 163 et suiv.). En raison de cette intuition la science mathématique n'est pas un savoir empirique, mais un savoir pur : le triangle que je trace sur le fond de cette intuition n'est rien de subjectif ou d'empirique – c'est une construction libre synthétique.

Mais alors se comprend le sens du passage de l'exposition métaphysique à l'exposition transcendantale. L'exposition

1. Je renvoie toujours, pour la critique que présente Schopenhauer, à ma dissertation *Schopenhauer critique de Kant*, in Revue internationale de philosophie, 1988.

métaphysique reste tournée vers l'objet; l'exposition transcendantale se détache de l'objet – par exemple ce triangle librement construit – et s'interroge sur la méthode. «La recherche transcendantale ne se dirige pas sur le contenu objectif de la connaissance, mais c'est vers la... méthode qu'elle se dirige» (KTE, 179). Kant écrit : «J'appelle *transcendantale* toute connaissance qui, en général, s'occupe moins des objets que de nos concepts a priori des objets». L'exposition transcendantale ne s'occupe pas «de la réalité proprement scientifique», mais pose «la question de la valeur objective des connaissances». Dans l'exposition transcendantale Kant ne vise plus l'espace comme principe de production des objets, mais son apport «comme intuition» pure pour la loi fondamentale de l'unité de la conscience. «Phase décisive de la réflexion!» écrit justement J. Vuillemin qui poursuit : «Le sens de l'*a priori* spatial est désormais rattaché à la Révolution, c'est-à-dire au principe suprême de l'expérience possible»[1] Combien est dépassée l'approche psychologique d'un Fichte ou d'un Schopenhauer!

§. 5 - Rattaché au principe suprême de l'expérience possible, l'espace n'est qu'une espèce (*Art*) de conditions parmi d'autres qui définissent le domaine de la connaissance comme celui des jugements synthétiques. Puisque la physique comme théorie mathématique de la nature implique une multiplicité de moments principiels, l'unité synthétique de la conscience sera la condition transcendantale «pensée comme genre» (KTE, 183). Puisque nous avons vu que peu nombreux étaient les principes – atteints par Kant comme formes de la sensibilité et grâce à la table des jugements en ce qui touche les catégories, l'unité de la forme de l'intuition et de la catégorie fournissant dans leur synthèse le principe

1. J. Vuillemin, *L'héritage kantien et la révolution copernicienne*, Paris, 1988. Les pages de J. Vuillemin concernant H. Cohen sont de très loin les meilleures que nous possédions à ce sujet et le projet de ce livre les rend insurpassables. Le livre de J. Vuillemin sera cité HC.

proprement dit – et que Kant, en fait, les avait trouvés en réfléchissant sur les sciences[1] et qu'on ne pouvait en trouver d'autres, on s'exprimera plus précisément en parlant «du principe suprême de tous les jugements synthétiques», mais puisque le tout du rapport s'oriente vers l'expérience la définition correcte sera : «Le principe suprême des jugements synthétiques est le principe fondamental de l'expérience».

Deux réflexions sont ici nécessaires. – Si nous nous posons la question de savoir ce que *nous cherchons* la réponse sera claire : Nous «demandons ce qui rend l'expérience possible?». Voici ce que nous cherchons. Nous donnerons satisfaction à notre recherche en déclarant : «C'est le principe suprême de l'expérience». Mais ici nous sommes à la limite. Si l'on pose la question : «Qu'est-ce donc qui rend possible le principe suprême», il nous faudra répondre : «Rien en dehors de lui-même. Il n'est point d'instance supérieure au principe suprême : il n'est point de nécessité dépassant la pensée» (KTE, 185). Cohen repousse à la fois Fichte, cherchant dans le *Je pense* une nécessité plus haute que celui-ci, et Hegel, contestant la nécessité de l'entendement, qui est l'unité synthétique de la conscience[2]. Invoquer l'unité de la conscience revient à poser d'une part que «l'expérience doit être conduite depuis sa réalité naïve jusqu'à sa possibilité», et d'autre part que l'unité de la conscience, aussi bien dans le travail des sciences qu'en celui de la philosophie doit être instaurée dans l'expérience. A ce dernier titre l'unité de la conscience exprime l'*exigence* (*Forderung*) d'une totalité unifiée du savoir.

En second lieu, comme nous pouvions le pressentir en étudiant l'espace, en concevant le passage de l'analyse externe métaphysique à l'analyse transcendantale, il apparaît

1. Souvent favorable à Cohen, De Vleeschauwer (*La déduction transcendantale dans l'œuvre de Kant*) ne le suit pourtant pas dans sa théorie de l'invention des catégories, cf. T. 1 *passim*.

2. Hegel, *Phänomenologie des Geistes*, 178-179. Fichte, *Ecrits de philosophie première*, Doctrine de la Science de 1802, série B 1 - B 5.

clairement que la totalité des déterminations principielles doit être unifiée dans le principe suprême : celui-ci n'est pas une loi vide, dominant les types catégoriaux, mais l'unité synthétique intrinsèque qui en les intégrant leur confère leur signification précise. Aussi bien peut-on dire (en écartant le sens que Hegel donne à ce terme) que chaque moment doit se supprimer dans le principe suprême de l'expérience possible.

§. 6 - Mais, toujours de la mauvaise interprétation de l'Esthétique transcendantale, suivait une incompréhension radicale du système kantien comme théorie de l'expérience. On imagina que les concepts de l'espace et du temps comme formes de la réceptivité étaient, dès ce niveau, définitivement compris, alors que nous avons vu l'espace comme intuition, devenir une fonction (*art*) du principe suprême. On ne vit pas comment l'Esthétique transcendantale se supprimait dans la Logique transcendantale s'unifiant elle-même dans le principe suprême. Dès lors l'espace (et le temps) apparut comme un écran à travers lequel les choses nous affectaient, et au principe du phénomène on situa la chose en soi, prétendue cause de l'affection; et Jacobi objectait dans cette perspective, non sans raison, qu'on appliquait d'une manière transcendante la catégorie de causalité réservée aux phénomènes. En outre on se croyait assuré dans cette lecture parce que Kant avait dit que nous ne pouvions connaître les choses en soi. On estimait avec Hegel, ici très ironique[1], qu'il fallait passer derrière l'écran pour voir – qu'il n'y avait rien à voir.

Que nous ne puissions pas connaître les choses en soi, selon l'analyse transcendantale, n'est pas, à ce point de vue, une simple négation, mais l'expression d'une thèse critique fondamentale. Afin de saisir cette assertion il faut se souvenir que nous n'avons pas à considérer les objets, mais notre manière de connaître les objets. L'idéalisme ne s'intéresse pas à l'existence des choses, même pas à leur

1. Hegel, *Phäenomenologie des Geistes*, 129.

relation au sujet – ce pourquoi le problème de la provenance du divers sensible dans la représentation n'appartient pas expressément à la philosophie transcendantale – c'est la détermination de la connaissance comme totalité nécessaire qui est sa fin. Mieux encore : ce n'est pas l'être en soi du savoir qui l'intéresse, mais sa possibilité immanente de réalisation dans les objets de la physique mathématique. Il s'ensuit que nous ne pouvons pas éclairer la question de la chose en soi sans la rattacher aux conditions de la connaissance et que de ce fait l'être ne se donne pas à nous comme un concept univoque. Détaché de toute relation à un moyen de la connaissance le concept d'être perd toute signification précise et toute question le touchant est sans réponse. Kant présente l'explication suivante : « On ne saurait, il est vrai, faire aucune réponse à la question de savoir ce qu'un objet transcendantal a comme nature, c'est-à-dire à la question qui demande *ce qu'il est,* mais on peut bien dire que la *question* elle-même n'est *rien* parce qu'aucun objet de cette question n'est donné » (K. d. r. V. B, 506)[1]. Si donc l'être est en corrélation avec la connaissance, c'est par elle, à ses différents niveaux, qu'il se définira. Ainsi dans la déduction transcendantale Kant montre que tous les phénomènes saisis comme objets de l'expérience sont en quelque sorte des fragments qui doivent être reliés comme pour correspondre réellement à l'objet transcendantal = X, objet visé comme totalisation des objets déterminés par la physique mathématique, aussi bien que pour s'unifier dans l'aperception transcendantale. *Formaliter,* comme point de référence ultime, l'objet transcendantal = X ne se distingue pas du Je pense comme aperception transcendantale. *Materialiter* l'objet transcendantal = X, n'est pas seulement un X parce qu'en lui aucune connaissance de l'objet n'est suffisante pour le définir, mais parce que sa détermination ultime serait l'achèvement de l'expérience, dont la physique mathématique nous

1. J'ai suivi l'exposé de E. Cassirer, *Das Erkenntnisproblem* (désormais EP), II, 733 et suiv.

révèle l'infinité. Par là se manifeste le moment *négatif* de la chose en soi comme objet transcendantal = X : il impose, de l'infinité dont il est le reflet, des *limites* à la connaissance – des limites et non des bornes, car ces dernières sont posées arbitrairement par l'empirisme affirmant, sans preuve autre que l'échec : *on peut aller jusque-là, mais pas plus loin,* tandis que les limites sont posées dans l'immanence du principe suprême de l'expérience qu'elles ne contraignent que par la notion d'infinité. Mais de par l'infinité qui se reflète en elles le «X, par lequel à plusieurs reprises Kant a défini, déterminé et caractérisé l'objet transcendantal» fonde la «chose en soi comme problème» (KTE, 661). Considérant comment la chose en soi est saisie non dans la perspective de l'objet, mais en celle de la connaissance de l'objet Cohen la définit ainsi : «La chose en soi est l'ensemble (*Inbegriff*) des connaissances scientifiques» (KTE, 660).

§. 7 - Le sens interne, dont le temps est la forme – forme englobante par rapport à l'espace – unité psychologique ou métaphysique de la conscience, qui semble n'avoir aucune relation à l'unité transcendantale de la conscience[1], est essentiel. On vient de le dire : il est forme, forme englobante par rapport à l'espace et dans cette mesure, conditionnant la possibilité de l'objet, il se fonde avec toute l'Esthétique transcendantale dans la Logique transcendantale. Il apparaît alors comme étant "l'aperception empirique" (KTE, 394) comprenant un divers en sa multiplicité qui doit être unifié par le principe suprême (KTE, 395). Ce dernier, en tant qu'un avec la chose en soi en son infinité, est l'indéterminable; en revanche l'aperception empirique est le déterminable. C'est ce que montre la déduction transcendantale médiatisant sens interne et entendement grâce au concept de l'imagination. «L'imagination, écrit Cohen, est transcendantale et comme telle *a priori* productive, lorsqu'elle enveloppe la possibilité de la liaison objective du divers»

1. J. Vuillemin, HC, 171-172.

(KTE, 398). Ce travail de l'imagination prend son sens lié au principe suprême, à l'aperception transcendantale. Kant exprime ainsi le rapport : « L'unité de l'aperception en relation à la synthèse de l'imagination est l'entendement ». Non seulement nous voyons comment de par l'imagination la synthèse du divers du sens interne – c'est-à-dire de tout le divers puisque le temps englobe l'espace – est opérée en liaison avec le principe suprême, mais encore nous apercevons comment l'entendement est un rapport (KTE, 398). Ici disparaît donc d'abord l'idée de l'entendement, ensemble des catégories, comme faculté isolée. L'unité de l'aperception en *rapport* à la synthèse de l'imagination est l'entendement, et comme rapport l'entendement est liaison entre deux conditions de la connaissance dont l'une est le principe suprême. Il n'y a donc plus lieu de juxtaposer les moments transcendantaux qui s'unifient dans une relation. Ensuite l'unité de l'aperception étant l'entendement dans son rapport à l'imagination, c'est la liaison entre les catégories et le principe suprême qui se détermine. Les catégories sont ou comprennent les « unités pour la synthèse pure » (KTE, 399) qui n'est rien d'autre que l'imagination. Les catégories comme unités sont les *règles* suivant lesquelles l'imagination rapporte son travail au principe suprême. Une double considération s'ensuit. D'une part, sans cesser de conserver ses liens à la sensibilité, l'imagination est absorbée dans la logique transcendantale; vivifiant l'entendement comme rapport elle s'abîme en lui. Cohen écrit : « L'imagination doit être portée non plus au compte de la sensibilité, mais de l'entendement ». D'autre part l'imagination, réalisant l'entendement par son rapport au principe suprême, trouve en celui-ci sa loi. Kant écrit : « L'entendement pur est ainsi dans les catégories la loi de l'unité synthétique de tous les phénomènes » (K. d. r. V, A, 128). Lions ces deux considérations : comme moment transcendantal principiel l'imagination ne peut être comprise – ainsi que le voulait la philosophie classique – comme un pouvoir sans règle, et rapportant l'entendement depuis l'aperception transcendantale jusqu'au sens interne, posé comme le déterminable, comme le lieu à partir duquel le donné empirique doit être élevé à l'objet comme détermination dans la physique mathématique, elle permet à l'entendement de par les catégories d'être la loi de l'unité synthétique de tous les phénomènes.

§. 8 - Jusqu'à présent dans l'exposé du principe suprême et des moments qui se lient en lui organiquement nous n'avons parlé que du concept de l'objet, les catégories étant les concepts de l'objet. Pour parvenir à la réponse à la question critique : comment des jugements synthétiques *a priori* sont-ils possibles ? nous devons indiquer les catégories comme unités synthétiques dans les *principes* par où nous passons de l'idée du concept d'un objet en général au concept d'un objet déterminé de l'expérience (KTE, 495). Indiquons immédiatement qu'entre le *principe* et l'*objet* la relation est celle de la *loi* au *cas*. Dire que la catégorie devenant principe se rapporte à l'objet comme *cas*, c'est dire que comme forme générale elle se concrétise grâce à l'imagination. Cassirer a heureusement précisé la pensée de Cohen en montrant le sens le plus simple de l'opération de concrétisation de la catégorie, parfaitement autorisé en cette démarche par les précédentes considérations liant tous les moments transcendantaux dans le principe suprême, si bien qu'il était possible de considérer résolu en droit le problème critique. Mais demeurait la question de fait. Comment le concept en sa pureté pouvait-il s'appliquer au donné sensible toujours imparfait ? « C'est à ce problème fondamental, écrit Cassirer, que s'applique la doctrine du schématisme. Son thème propre est la question concernant la possibilité psychologique du concept général » (EP, II, 713). On ne résoudra pas ce problème en faisant abstraction dans le donné sensible de toutes les déterminations qui le séparent de la généralité. Au terme de l'abstraction de toutes les particularités il ne resterait plus rien. Il faut alors renverser la position du problème ; nous n'avons pas à "raffiner" une *chose*, mais à mettre en lumière le processus méthodique par lequel nous la construisons, comme l'explique Kant à propos de l'exemple du nombre 5 (K. d. r. V, A, 140). Ces méthodes, Kant les nomme des *schèmes*. Les schèmes constituent le «procédé général de l'imagination pour procurer à un concept son image» (*Ibid.*) Il ne s'agit plus, comme le veut l'empirisme appuyé sur l'abstraction, d'aller par "raffinement" de l'image au concept, mais au contraire de procurer méthodiquement à un concept son image. Ainsi le rapport chose-concept est renversé. Cassirer voit là le point fondamental de la pensée kantienne. Nos concepts ne reposent plus sur des images ou des affections, mais sur des fonctions (EP, II, 715). Ce processus doit être élargi. Les schèmes procurent aux catégories, unités synthétiques de l'aperception, leurs images – par exemple le schème de la substance est *la permanence du réel dans le temps* – et en même temps qu'elles sont liées au sensible elles se spécifient comme *principe*. Voici l'énoncé du principe transcendantal de la substance : «Dans tout changement des phénomènes, la substance persiste, et son *quantum* n'augmente ni ne diminue dans la nature» (K. d. r. V, A, 1882).

Entre tous les principes dont il a montré les relations – et que nous devons réunir une nouvelle fois dans le principe suprême – H. Cohen a accordé un privilège fondamental au principe de la grandeur intensive. Ce principe exprime, en fait, le calcul infinitésimal et différentiel. Grâce au développement de la grandeur intensive qui va du zéro de l'intuition pure jusqu'à une détermination sensible, nous voyons d'abord s'effacer la disjonction entre le concept et l'intuition. Ensuite les grandeurs posées dans l'espace sont justifiées parce que depuis le zéro dans l'intuition on peut les produire. Enfin le processus par lequel est engendré l'objet, selon la différentielle, est le même que celui par lequel est engendrée la conscience de l'objet. Deux conclusions peuvent être formulées. D'une part on voit enfin concrètement non seulement comment l'objet en général, mais aussi l'objet dans sa déterminité est posé et comment la physique mathématique est possible. Mais d'autre part le sensible déterminé est ici *résultat,* non point de départ. D'où le triomphe « de la pensée qui consiste en ce que dans la force de la réalisation, elle dépasse les conditions sensibles » (KTE, 547). Loin d'être une structure statique catégoriale schématisée dans le principe elle est la puissance active qui produit dans l'unité du sensible et de l'intellectuel, la synthèse *a priori* dont l'ultime fondement est l'expérience sensible.[1]

L'interprétation que Cohen livrait de la *Critique de la Raison pure* – et que nous avons résumée sans ménagements –, libérant la philosophie du psychologisme, fondait par delà Fichte et Hegel, un idéalisme scientifique lié à la vérité de la physique mathématique. Elle montrait aussi que seule l'unité méthodique dans la réflexion pouvait assurer le principe suprême de l'expérience comme totalité organique. Le mot appelé à gouverner la philosophie était celui qui avait tant frappé les esprits lorsque parut Descartes : *méthode.*

1. J. Vuillemin, avec sagacité, a accompagné son commentaire de références au livre de Natorp sur la doctrine platonicienne des Idées. Mais dans la deuxième édition de son ouvrage, Natorp s'est défendu d'avoir fait de Platon un Kant avant Kant. Sans nier les liens autorisés par le " petit nombre " de principes, Natorp condamne une telle vue rétrospective, p. 462. Il reconnaît à Platon le mérite d'avoir découvert l'*a priori* dans la mathématique et accorde bien de l'importance au refus platonicien de nier une science du sensible (34, 208). Il relève l'importante démarche critique : du dogmatisme au criticisme par le scepticisme (p. 151). La réfutation de la notion de substance chez Aristote s'explique clairement par Kant (p. 407). En effet pour Aristote l'objet nous est donné. Or notre entendement ne comprend que ce qu'il pose (p. 163), rapprochement très serré de Platon et de Kant au nom de la "possibilité de l'expérience". Natorp croit possible un rapprochement entre les principes de Platon et les catégories de Kant (p. 249), mais c'est à la condition de bien délimiter avec Kant le sens de la "catégorie", du "principe", de l' "idée" (p. 196). Quoi qu'en dise Natorp son livre n'a pas été rédigé *sub specie aeternitatis,* mais dans le cadre de l'Ecole de Marbourg et les jugements de Vuillemin, parfois hardis, restent toujours justes et pénétrants.

L'idée de l'humanité

Pour parvenir à une évaluation rigoureuse du système transcendantal de Kant, H. Cohen devait élaborer une *Fondation de l'Ethique kantienne* (KBE) et son livre paraît très vite après *La théorie kantienne de l'expérience*, c'est-à-dire en 1873. Il faudra longtemps attendre pour pouvoir prendre connaissance de l'interprétation de la troisième critique kantienne. *La fondation kantienne de l'Esthétique* (KBA) ne paraîtra qu'en 1889, toute la seconde partie de la *Critique de la faculté de juger* étant annexée dans les conclusions de *La théorie kantienne de l'expérience*[1]. Ce faisant l'intention de Cohen était double. D'une part il voulait reconnaître le *factum* de la biologie, d'autre part, légitimant l'induction, il entendait limiter à son domaine propre la physique mathématique, de telle sorte que le principe de finalité comme concept-limite participait à la fondation des sciences exactes. Aussi bien H. Cohen replaçait-il la finalité dans le champ théorique (KTE, 718-719), et s'autorisait pour justifier ce déplacement d'une déclaration formelle de Kant, pour qui toute la théorie de la téléologie de la nature organique aurait pu se trouver dans la *Critique de la Raison pure* : il suffisait de penser qu'avec sa légalité propre, le biologique interdisait le dogmatisme mécanique dont Descartes avait donné le mémorable exemple dans sa théorie de l'animal-machine.

§. 1- Par là-même H. Cohen, avec Kant[2], était amené à reconnaître de nouvelles structures de légalité et à dégager au sommet l'idée de liberté. Celle-ci avait touujours été la croix des interprètes de Kant[3], incapables de ne point confé-

1. J. Vuillemin, HC, 161.

2. Alexis Philonenko, *Etudes kantiennes, Kant und die Ordnungen des Reellen*.

3. Voir par exemple K. Fischer, *Immanuel Kant und seine Lehre*, Mannheim, 1860, T. II, 140. Alexis Philonenko, *L'œuvre de Kant*, T. II, pour une analyse critique.

rer à la liberté une réalité transcendante par rapport au monde du déterminisme (relatif au point de vue ontologique) des phénomènes. – Tenant compte des observations de Stadler[1], Cohen redistribue les fonctions de la chose en soi. Au niveau de l'Esthétique transcendantale la chose en soi sépare le phénomène de l'apparence; dans l'Analytique elle remplit sa fonction d'unité comme objet transcendantal = X, elle est alors noumène; enfin dans la Dialectique transcendantale elle est Idée, valeur suprême qui valide et limite tous les ordres (légalité) de l'expérience possible. Mais à son tour cette Idée se fonde dans la raison; Kant écrit que la raison «se procure l'Idée d'une spontanéité» (KBE, 120). On doit alors admettre que l'idée de la raison, comme spontanéité et liberté, signifie la légalité suprême que l'expérience elle-même exige de manière ultime, par-delà la biologie et l'expérience esthétique pour déterminer sa limite et sa légitimité. Le domaine de l'être est déterminé par la valeur et celle-ci par la liberté, posée comme totalité infinie (KBE, 78) ou encore comme *inconditionné* (*Ibid.*)[2]. Aussi faut-il inverser les concepts dogmatiques de la lecture du kantisme. L'idée d'une liberté qui serait celle d'un noumène transcendant expérience et pensée doit être abandonnée. Il faut plutôt concevoir "un noumène de la liberté" (KBE, 125), c'est-à-dire un inconditionné, exigeant comme dans la philosophie de Fichte, mais suivant la légalité des ordres du réel, sa réalisation. Cette notion de totalisation de la liberté est la seule qui convienne à la séparation kantienne du "connaître", réservé au phénomène, et du "penser", seulement propre aux Idées de la raison – le moi, le monde et Dieu (KBE, 129). Loin donc de s'opposer à la *Critique de la Raison pure*, la *Critique de la Raison pratique*, grâce au principe de liberté, la limite, la fonde et la valorise. Et

1. Stadler, *Kants Teleologie und ihre erkenntnisstheoretische Bedeutung*, Berlin, 1874.

2. Ce mouvement vers le systématique à partir de la liberté posée comme absolue est aussi net chez Fichte. *Ecrits de philosophie première*, T. 2, 155 et suiv.

puisque l'expérience exige la liberté comme sa limite fondatrice, la logique transcendantale exige à son principe l'éthique comme expression de la valeur.

§. 2 - Ainsi la chose en soi, comme inconditionné de la liberté, se tranforme en tâche (KBE, 78), à savoir non plus l'unité synthétique de l'expérience, qui gouvernait la théorie de l'expérience, mais l'unité systématique (KBE, 80, 92). En effet limitant, fondant, elle systématise le réel et les Idées transcendantales (des "catégories élargies") possèdent un rôle régulateur exprimé par le "comme si" (KBE, 103). Loin cependant que le "comme si" signifie un "moins", il limite l'unité synthétique de la simple expérience par la compréhension du systématique comme orientation. C'est sur ce principe *pur* que s'appuie Cohen pour rejeter toute fondation empirique de l'éthique. L'idée régulatrice de l'inconditionné ne tolère pas plus une éthique fondée sur la psychologie (qui transforme les choses en idées en passant du sentiment au concept) que sur la statistique (KBE, 128). Toutes ces approches doivent être jugées en fonction de la *valeur*, et non du *savoir*. C'est donc dans l'exposition de la loi éthique (la chose en soi comme "Aufgabe", *problema*) que se justifiera l'éthique authentique.

§. 3 - Etre ne se confond pas avec être-là : « on confond l'Etre (*Sein*) avec l'étant (*Dasein*) ». (KBE, 137). La valeur est confondue dans son Etre avec la chose. Par là est manquée la signification suprême de l'inconditionné de la liberté comme Etre-pour-l'avenir, ou encore Devoir-Etre (KBE, 138). Pour qui comprend les mots Devoir-Etre, il est clair que l'Ethique est en rapport direct au *vouloir*. Cohen a eu beaucoup de difficultés pour éviter ici l'influence de la psychologie, d'autant plus qu'opposé dans l'interprétation à Schopenhauer[1], il limitait à l'homme et à sa volonté conçue

1. Cohen attaque avec vigueur la lecture de Schopenhauer affirmant que parmi les êtres rationnels Kant peut bien avoir pensé aux petits anges. KBE, 559. Il n'est pourtant pas exclu que Kant ait songé aux défunts.

initialement comme empirique (KBE, 142) le sujet de l'éthique. La compréhension initiale risquait de le conduire comme Herbart à un réalisme éthique, effaçant le Devoir-Etre dans le *fait* d'une volonté liée au désir. Discernant après Kant le danger, H. Cohen demandait que l'on distinguât l'homme comme sujet empirique et l'être rationnel, et que l'on sût reconnaître en ce concept le pur vouloir comme origine distincte de tout désir. La disjonction entre l'homme comme être de la nature et l'être rationnel, calquée sur celle du "connaître" et du "penser", ou sur celle des catégories et des Idées, permettait à Cohen d'affirmer que quand bien même l'*homme n'existerait pas* – ni avec lui la psychologie et l'anthropologie – la vérité éthique cependant devrait être en rapport avec le vouloir pur (KBE, 162). Ainsi l'*être rationnel* doit affirmer son sens total dans l'exclusion même du *Dasein* (KBE, 163). Et dans cette exclusion du *Dasein* , l'être rationnel devient pour soi fin *ultime*. En même temps, comme être appartenant au *monde supra-sensible,* et non comme le *Dasein* au monde sensible, l'être rationnel comprend en soi le Devoir-Etre comme connaissance de la valeur distincte de l'être du sensible.

Mais maintenant la logique transcendantale, justement parce qu'elle se penchait sur l'être de la réalité déterminée par les sciences, pouvait se fonder sur un "factum". Rien de tel pour l'éthique transcendantale : «Nous ne demandons pas, écrit Cohen, à quel objet de l'expérience se rapporte la loi qui doit ici être cherchée. Nous demandons au contraire de quelle loi la fondation de l'éthique peut se réclamer» (KBE, 170). Certes nous connaissons l'orientation : la loi est le rapport en lequel l'être rationnel se propose à soi comme fin ultime. Mais cette orientation n'autorise pas une déduction dans la mesure où nulle synthèse entre le rationnel et le sensible n'est concevable. La déduction sera remplacée par un *dévoilement* dans la formulation de la loi morale.

§. 4 - Rien ne serait plus tentant que d'entreprendre, appuyé sur l'Idée comme principe d'une totalité systématique, l'exposition de l'Ethique comme conscience avec ses divisions organiques. On doit cependant s'attacher au vouloir pur, qui investit l'être rationnel, comme principe, et l'on trouvera que le vouloir pur – l'être rationnel se posant comme fin ultime – est un concept analytique. Au point de vue de la *matière* le concept de vouloir se distingue de celui de la connaissance, qui a une matière, un objet dans l'intuition. Cohen détermine difficilement la matière du *Sollen* : la matière est dans le vouloir pur sa propre dissolution au profit de la forme qui se révèle comme simple légalité où se déploie l'intention pure. Mais dans ce rapport analytique la forme se manifeste comme le rationnel, ou encore comme une structure déterminant une *légalité a priori*. Nous verrons plus loin, dans la *Logique de la connaissance pure,* la valeur attachée par Cohen au *néant*. Contentons-nous de souligner que, réfléchissant sur ces moments, il leur confère "la signification négative" qui l'autorise à séparer éthique et logique transcendantale théorique. Aussi peut-il en retirer un bénéfice immédiat en excluant tout objet, principe de motivation, de la loi pratique (KBE, 194). Sans doute Kant distingue-t-il dans l'horizon pratique maxime et loi. Il en résulte une longue diatribe en laquelle Cohen écarte toutes les prétendues morales voulant se fonder (ou se fondant malgré elles) sur l'objet, principe de motivation déterminé par le plaisir ou la peine, simples sentiments empiriques. Cette longue diatribe a un but précis : établir qu'il n'y a que deux orientations : ou bien l'éthique transcendantale – ou bien toutes les morales finissant par se confondre dans le concept du bonheur (KBE, 202). Mais on voit alors comment se détermine la forme pure dans l'éthique du vouloir pur : au-delà de toute empiricité la forme signifie seulement la forme d'une législation universelle (KBE, 213). Cohen écrit par conséquent : « La forme de la législation universelle est l'expression de la réalité éthique » (KBE, 215). Jacobi avait dit que la grande tâche de la philosophie consistait à dévoiler l'existence. Kant découvre – Révolution copernicienne – la réalité dans la forme, l'existence éthique avons-nous dit. Le vouloir pur en sa forme devient un *impératif* dès lors qu'il est compris comme l'acte par lequel l'être rationnel en sa profondeur se pose comme fin ultime – ainsi seulement sera effectuée la légalité universelle qu'il porte en son sein. Et si la *représentation* d'un principe contraignant – contraignant parce qu'il écarte tout principe de bonheur – est un *commandement*, la *forme* de ce principe qui est le vouloir pur médiatisant l'être rationnel et sa fin ultime, sera au principe de la formule, qui en ce contexte, est l'*impératif* par lequel s'exprime le Devoir-Etre. – Il est clair que la notion d'être rationnel doit être portée au pluriel et que la nécessité pratique doit signifier une fin en soi et pour soi. Aussi «l'impératif moral ne doit pas avoir une valeur hypothétique, mais catégorique» (KBE, 219). Dans une formule très dense Cohen écrit : «La formule pour la forme du vouloir doit découler de l'impératif catégorique» Cette formule c'est la nécessité pour l'être rationnel de penser la maxime de son action en la posant comme loi universelle – par où le "catégorique" exprime en la fondant la nécessité – tandis que la loi retrouve un contenu qui est fixé comme la loi elle-même. Mais plus encore : l'auto-détermination de l'être rationnel selon la loi seule (tout objet principe de motivation étant exclu) est le principe suprême de l'éthique transcendantale : l'*autonomie* (KBE, 224).

Le principe d'autonomie possède deux sens. Le premier est négatif : il exprime l'indépendance du vouloir par rapport à tout objet empirique. Mais dans son sens positif il explicite la liberté comme Idée, principe d'un nouvel ordre de légalité, et dans notre réflexion, il apparaît comme le principe problématique suprême du noumène de la liberté (KBE, 225). A moins de retomber dans un réalisme naïf, on comprendra qu'il s'agit ici de significations, et que la réalité des noumènes est constituée par la régulation des Idées de la raison. Aussi bien le moment analytique jusqu'ici dominateur trouve son complément synthétique. Commentant les formules de l'impératif catégorique dans les *Fondements de la métaphysique des mœurs*, Cohen n'a aucune peine à mettre en lumière le principe synthétique d'une *communauté* d'êtres rationnels où se définit la fin absolue, comme fin ultime et fin de soi (*Selbstzweck*). Le contenu de la loi morale était la loi morale elle-même ; dans l'idée d'une communauté de fins autonomes elle se réalise : « Le contenu de l'*a priori* consiste en cette communauté, c'est le contenu de la réalité éthique » (KBE, 227). Ainsi dans le "en même temps", dans le *zugleich* compris en la seconde formule de l'impératif catégorique, se manifeste le moment synthétique de l'éthique : la communauté. Il reste que, selon Cohen, la loi, dont tout le développement est issu, demeure un principe analytique et que l'élucidation du moment synthétique n'est pas complète.

§. 5 - Cohen, poursuivant sa tâche, écrit : « L'Idée de liberté atteint déjà sa signification régulatrice dans le concept de l'autonomie » (KBE, 230). Entendons déjà par là qu'elle règle la totalité de la communauté éthique unifiée dans le contenu de la loi, comme étant cette loi-même. N'oublions pas qu'à ce titre elle unifie les concepts de fin et d'homme comme être rationnel. Ainsi s'accomplit dans sa catégoricité la fondation de la loi morale à l'intérieur d'une démarche critique et systématique. De même la compréhension "cynique"[1] de l'éthique est écartée : la liberté est bien liée au règne de la causalité empirique, mais c'est à partir de sa propre légalité et des ses fins qu'elle commence (*anfangt*) quelque chose (KBE, 263), de telle sorte que fin et vouloir s'identifient (KBE, 262). Si nous considérons le principe de l'autonomie plus profondément, nous verrons quelle importance il faut attacher au propos de Kant affirmant qu'aucun intérêt (*Interesse*) ne me porte à m'attacher à la loi morale et comment en moi sans moi, pour parler comme Malebranche , un intérêt puissant m'habite, m'obligeant à me tourner contre mon affectivité. Cet intérêt est celui que je porte à ma personne (KBE, 223), en tant que voulant être libre et soumise à la loi de la liberté gouvernant la communauté éthique. Donc – 1. ma personne. – 2. la liberté. – 3. la loi. – 4. la communauté : cette identité synthétique (chaque

1. Alexis Philonenko, *L'œuvre de Kant*, T. I, p. 101 et suiv.

terme ne valant que par l'autre) explique deux choses : d'une part l'autonomie est autotélie (KBE, 270), d'autre part : «parce qu'il y a une loi éthique toutes les choses peuvent être comprises comme choses humaines» (KBE, 272). Par là le principe éthique saisi comme fin ultime amène à juger de toutes choses selon sa loi et «la loi morale, conçue dans toute la richesse de son formalisme, est le noumène en lequel tout phénomène trouve sa limite» (KBE, 272). C'est ce que Fichte avait compris en établissant le primat absolu de la raison pratique, et Cohen tient à le souligner.

Et c'est ce complexe synthétique – bien que toujours initialement suspendu au caractère analytique de la loi morale, saisie immédiatement comme privée de contenu et refoulée dans la simple rationalité non développée – que Kant aurait voulu établir «dans le fait unique de la raison pure» (KBE, 256 et note). Ce fait est pour nous la manifestation pure du devoir. Sans doute Kant a écrit : «gleichsam als ein Faktum» – un fait *pour ainsi dire*. C'est que ce fait ne doit pas être rangé parmi ceux que nous présente la psychologie; il s'appuie immédiatement sur la raison pratique qui le fonde, et il justifie l'intérêt que nous prenons à la loi morale, tandis qu'il autorise la distinction entre le sujet empirique et le sujet nouménal dont procède, de par son unité avec le principe de finalité, l'idée d'une légalité s'étendant à la communauté.

Pourquoi le cacher ? Cohen n'a pas réussi à établir clairement le moment synthétique de l'éthique. Et cela s'explique d'une certaine manière. Comparant causalité et liberté, il dit de l'une, principe synthétique, qu'elle se laisse "expliquer"; en revanche la loi éthique ne se laisse que "dévoiler" (KBE, 251), puisque la liberté en soi, dans son acte de commencer, est "incompréhensible" (KBE, 253); la conception d'une structure synthétique parfaitement originale aurait rejailli négativement sur l'unité synthétique de la *Critique de la Raison pure*. Il était préférable, et Cohen s'en est rendu compte en repoussant finalement le moment synthétique de l'éthique dans la logique de l'éthique, de mettre en évidence les unités systématiques, qui médiatisées permettaient de concevoir depuis le noumène le monde comme monde humain pour les hommes. – A partir de là, dans la seconde édition de son ouvrage, Cohen a donné des aperçus brillants sur la philosophie du droit de Kant, comme sur sa théorie de l'histoire[1] et sa doctrine de la religion[2].

§. 6 - Dans les *Fondements de la métaphysique des mœurs,* Kant écrivait que les formules de l'impératif catégorique devaient servir dans la représentation d'une action à la «rapprocher par là autant que possible d'une intuition» (AK. Bd. IV, 437, 1. 4). Certes Kant n'entendait pas par là réintroduire le sensible dans l'éthique; mais convenant qu'il fallait «ménager à la loi morale l'accès aux âmes», il déterminait à l'intérieur de l'éthique une réflexion conduisant à la typique de la raison pratique – si bien exposée par Krueger – et en soi de structure esthétique. La représentation proche de l'intuition dans la détermination de la maxime selon les trois formules et le sentiment de respect pour la loi enveloppent une détermination esthétique. Cohen en arrivait à définir ainsi le devoir : «Le devoir est le sentiment du respect de la sublimité de notre destination éthique» (KBE, 332). Observant que le sublime était, selon Kant, un principe esthétique dans la *Critique de la faculté de juger,* après avoir félicité Schiller mettant en œuvre dans l'éthique la beauté (KBE, 327), il écrivait que «cette coïncidence de l'humain

1. Alexis Philonenko, *La théorie kantienne de l'histoire.*

2. Nous avons vu comment de la médiation entre l'être rationnel et sa fin (médiation qui est en fait la racine du fait unique de la raison pure) surgissait l'impératif catégorique. Cohen reconnaît clairement à l'impératif catégorique, fondé aussi dans la communauté, par où la personne se médiatise avec sa fin ultime, un "usage synthétique" (KBE, 219). Mais d'autres moments définis seulement comme systématiques éclairent encore mieux l'idée synthétique morale. Il nous semble que ces difficultés sont à l'origine des critiques très injustes que Cohen adresse à Fichte, lui reprochant en gros de céder à sa "nature" (KBE, 291), comme Hegel, dans *Foi et Savoir* reprochait à Kant, par exemple, de céder à sa nature en préférant l'empirisme à la spéculation rigoureuse. Voir mon édition de *Foi et Savoir.*

avec le moment éthique... conduit à une relation intérieure entre le bien et le beau» (*Ibid.*). C'est à partir de ces considérations que fut élaborée la tardive *Kants Begründung der Aesthetik,* (KBA) ou *Fondation kantienne de l'Esthétique.*

Comme le montre l'antinomie du goût[1], nulle tâche ne paraît plus paradoxale que de déterminer la spécificité du jugement esthétique dans sa subjectivité propre – par où mon goût n'est pas le tien – et en même temps d'établir dans la forme de légalité attachée au goût l'orientation qui complète *concrètement* le pur formalisme éthique en fondant le principe de l'inter-subjectivité qui *réalise* in *concreto* la communauté *morale* devenant par là *éthique*[2]. Mais telle est l'ambition intérieure de Cohen. De là vient la difficulté de la *Kants Begründung der Aesthetik.*

Qu'est-ce donc qui dans l'esthétique caractérise l'homme? C'est répondra-t-on, en l'opposant à l'éthique qui s'oriente vers la conformité à la loi, et à la connaissance dirigée vers l'objet (KBA, 130 et suiv.), le sentiment de vie. Mais aussi un nouvel ordre de liberté. Le sujet éthique en soi est libre par rapport à la loi morale et à Dieu (KBA, 137), il peut mal agir. En revanche dans son jugement esthétique l'homme s'éprouve comme libre par rapport à l'autre homme. Mais cette liberté ne détermine pas nécessairement un abîme; elle peut au contraire déterminer une communicabilité (*Mittelbarkeit*) qui justement médiatise la communauté éthique.

On a souvent mal compris Kant et Cohen parce que dans la première partie de la *Critique de la faculté de juger,* le créateur de la philosophie transcendantale parle non de la finalité en général, mais de la *vie* comme expression de

1. Alexis Philonenko, *L'œuvre de Kant,* T. II, *Le transcendantal et la pensée moderne, Etudes d'histoire de la philosophie moderne.*

2. E. Cassirer, *Kants Leben und Werke,* 340 – *Freiheit und Form,* 138, cf. KBA, V. Alexis Philonenko, *Cassirer et Kant,* Actes du Colloque Cassirer, Université de Paris X, 1988.

l'humanité et distincte de la simple organisation[1]. D'une part la vie et le sentiment supposent toujours chez Kant l'idée de conscience, quand bien même cette conscience serait plutôt un vécu qu'une représentation claire et distincte. « Dans le sentiment, écrit Cohen, nous mettons toujours au fondement le fait originaire de la conscience » (KBA, 155). D'autre part la finalité organique matérielle, illustrée par la description d'un arbre (*Critique de la faculté de juger*, §. 63) ne suppose pas la conscience ni l'idée de vie qui en est inséparable. Bien plus ! On pourrait tenter de relier organisation et vie en montrant l'articulation avec le sentiment de plaisir et de peine. Mais, observe Cohen, dans le §. 5 de son livre, Kant détermine le sentiment de plaisir et de peine autant par le bien, que par le beau et l'agréable (KBA, 162). Aussi le jugement esthétique doit posséder ailleurs le principe de sa légalité.

Ce sentiment de vie consciente qui n'émerge que dans l'individu, qu'exprime très soigneusement Kant en disant qu'il est le libre jeu des facultés de représentation (KBA, 169), puis en affirmant qu'il s'agit de la clarté des "forces de l'âme", et enfin avançant l'expression "forces de la vie" (*Lebenskräfte* [§. 23]) est en soi paradoxal comme l'est toute vie. Pour autant qu'il investit la totalité du sujet il l'enferme en soi – dans son irréductible individualité, si bien que le jugement esthétique ne sera jamais universel. Mais à ce moment centripète se lie un mouvement centrifuge par lequel l'individualité, s'affirmant comme vie, affirme aussi « l'universalité subjective » (KBA, 168), dont Cohen valorise les fondements en montrant sans cesse comment Kant écrit *Kräfte* (par exemple dans *Vorstellungkräfte*), alors qu'il pourrait s'en dispenser. (KBA, 172). Et s'il ne le fait pas, c'est qu'il reprend le meilleur de la pensée leibnizienne déterminant la conscience esthétique comme la

1. Alexis Philonenko, *Etudes kantiennes*, *Kant und die Ordnungen des reellen*. Voir aussi l'introduction de mon étude sur Schopenhauer.

bonne proportion «entre l'entendement et la force» (KBA, 30, 172).

Si nous portons notre attention sur les forces (qu'il faudrait nommer des puissances), nous découvririons la légalité immanente du jugement esthétique et si le paradoxe énoncé – mouvement vers l'individualité et mouvement vers l'universalité – ne s'évanouit pas, nous saisirons vraiment ce qui veut être communiqué dans l'affirmation du goût.

§. 7 Et sans doute l'objet, comme pur objet, n'est-il pas indifférent. Mais sa contingence manifestée dans l'antinomie du goût où s'opposent le *streiten* et le *disputieren*[1], fait de lui un support, certains diraient un pré-texte. Car ce qui doit être *communiqué* est l'équilibre spontané des forces vivantes (entendement, imagination) qui animent l'esprit de l'homme. Voilà pourquoi la finalité subjective du jugement de goût est à la fois formelle et sans fin. Elle est sans fin absolument, en éliminant les considérations secondaires, parce que la conscience esthétique, harmonie du sentiment de vie, se médiatise dans le jeu de la force de l'entendement et de celle de l'imagination, et «ne se laisse déterminer par aucune fin» (KBA, 193). La fin serait concept, qui niant la liberté dans l'harmonie, déterminerait dans le sentiment jusqu'au sentiment de plaisir et de peine. Mais aussi par là la "Mittelbarkeit", la possibilité de communication immédiate serait innée au profit du jugement déterminant impersonnel supprimant l'individu et sa richesse interne. La négation ne s'arrêterait pas là. La possibilité de la compréhension de la morale comme éthique se supprimerait aussi, dans la mesure où la *personne* ne pourrait plus se saisir dans la communauté concrète, puisque le principe de l'universalité subjective, qui tend à susciter en chacun le même équilibre concret *humain*, s'en irait à l'abîme. Sans doute – même si certaines de ses déterminations intimes ne se comprennent que par l'esthétique, comme on le voit dans la notion du respect liée au sublime – la morale ne s'en irait pas à l'abîme. Mais dans le

1. Alexis Philonenko, *Etudes d'histoire de la philosophie moderne.*

dualisme du “mécanisme” et de “l’esprit” elle perdrait le soutien de l’Esthétique, sûr refuge de l’esprit (KBA, 193). – Sans fin, la finalité subjective est aussi formelle. Elle n’est que la « simple forme de la finalité subjective » ; loin de viser une fin matérielle, un objet, elle est uniquement « le formel dans la représentation ». Mais ce moment formel est quelque chose de plus – qui justement intervient dans la théorie de la communication – qu’on peut comparer à la conscience de soi, car c’est bien celle-ci qui confère sa signification au jeu des puissances, déterminant ainsi la légalité de la conscience esthétique comme libre mouvement de l’esprit.

Formelle et sans fin, la conscience esthétique ne s’avance-t-elle pas plus loin ? Cohen remarque que dans la subjectivité esthétique se profile au moins, même si elle est sans fin, l’idée fondamentale d’une finalité. Réunissant tous les textes en lesquels Kant s’étonne de voir la nature se conformer à notre faculté de connaître (Introd. V, §. 61), il réaffirme l’idée kantienne suivant laquelle « le principe de la finalité est un principe de “l’autonomie” de la faculté de juger » (KBA, 197). Ainsi la finalité originaire médiatisant la communauté avec elle-même comme totalité éthique la situe aussi dans un monde com-préhensible.

Si nous unissons ces perspectives, d’une part la communication, d’autre part la compréhension de la nature, nous dirons que la conscience esthétique élargit la nature vers l’art (KBA, 200), qui précisément profite de la finalité naturelle pour susciter, par ses productions, la *Mittelbarkeit*. « L’*a priori* de la finalité esthétique dévoile sa force. L’*a priori* produisait la nature, l’éthique. Esthétique l’*a priori* produit la finalité, la production de la nature comme art. » (KBA, 201). Par delà la communicabilité, saisie *in concreto*, se propose l’art en tant qu’art qui issu de l’homme et de la nature, doit fonder l’Esthétique comme moment de la philosophie.

§. 8 - Nous observons une nouvelle fois la définition de la légalité esthétique : signifiant une unification possible de la conscience de soi du sentiment avec un principe de compréhension des choses par la finalité, d'une part le sentiment esthétique est énergie, force, puissance. C'est la force de l'imagination qui, plus que jamais – elle apparaissait déjà comme force dans le libre jeu des "forces de l'âme" – visant l'objet dans une finalité sans fin, ou désintéressée, élève la nature au niveau de l'art. Dans cette visée d'autre part l'imagination librement liée à l'entendement ne se proposera pas seulement de "copier" la nature, mais d'en faire jaillir le sens pur. Ainsi la beauté naturelle indépendante (KBA, 199) est révélée comme art. On ne peut pas dire, souligne Cohen, que l'art ait pour tâche d'imiter la nature (*Ibid.*). Mais l'art – de même que l'Idée est la "catégorie élargie" – est le concept "élargi" de la nature dans la légalité esthétique. Kant a souligné cette spécificité de l'art qui amène la nature à son sens ultime en introduisant l'expression peu usitée de *Beurteilung*. Puisque le jugement esthétique n'est pas un jugement de connaissance (en raison de sa subjectivité), puisqu'on peut seulement lui attribuer une quantité esthétique (KBA, 201), on usera du terme *Beurteilung*, qui signifie *considération, contemplation,* mais aussi appréhension intuitive (*Beschauung*) (KBA, 202).

Cohen détermine sur ce fondement les moments légaux de la conscience esthétique comme sentiment vital. D'une part : *l'art seul a dévoilé la nature comme beauté* (KBA, 200). Avant l'opération de l'art et de la conscience de celui-ci, la nature n'est que mécanisme mort. L'homme sujet de l'art fait naître la nature à la beauté et au sublime dans la légalité du libre jeu des facultés du sentiment vital. L'harmonie de la nature s'enracine dans la légalité ou l'harmonie de la conscience. Et sans doute la conscience esthétique n'est-elle pas plus intéressée par l'existence de l'objet que par sa simple apparence – d'où l'idéalisme de la finalité (KBA, 205). En sa beauté fondée sur une conscience humaine, la nature n'a pas besoin d'exister. Posé comme créateur de sens par la médiation de la nature dans l'exercice de l'art, le principe de la finalité cesse d'être *Heautonomie* (KBA, 197) pour devenir *autonomie* (KBA, 206), car «la finalité esthétique, le moment esthétique *a priori* est une Idée et les Idées sont les catégories “élargies”» (KBA, 207). – Aussi d’autre part lorsque Kant affirme l’autonomie dans le “jeu” (KBA) et détermine la finalité comme légalité qui suppose pour être jugée nécessaire et valable universellement un fondement supra-sensible (KBA, 207), il est facile de comprendre que dans la logique de Cohen, il ne peut être question que de la chose en soi : «L’Idée n’est jamais phénomène, mais toujours chose en soi» (KBA, 208). Toutefois, afin que l’on ne songe pas, comme Schopenhauer, à une obscure transcendance, sans cesser de poser la chose en soi comme fin et principe de limitation de l’expérience, il faut dire qu’ici la chose en soi est “la chose en soi de la conscience”. Et il s’ensuit que l’humain est la destination finale de l’art. Aussi Cohen n’hésite pas à écrire : «dans la chose en soi du sentiment s’unissent le royaume de la nature et le royaume des fins vers la conscience de soi sublimée de l’homme créant ou contemplant l’art : l’art est la conscience de soi de l’humanité» (KBA, 217).

Mais ce faisant, sans pouvoir se substituer à l’éthique (*Ethik des reinen Willens,* cité EW, 635-636), l’esthétique la prépare : c’est la difficile théorie du sens commun (*Gemeinsinn*). Dans le §. 40 de la *Critique de la faculté de juger* Kant introduit le concept de *sensus communis* et le définit ainsi : «Sous cette expression de *sensus communis* on doit comprendre l’Idée d’un sens commun à tous , c’est-à-dire d’une faculté de juger qui dans sa réflexion tient compte en pensant (*a priori*) du mode de représentation de tout autre homme...». Ce qui ici est exhibé dans la démarche transcendantale est l’Idée d’une communauté dans le sentiment de vie, par où serait dépassée l’universalité subjective, tandis que l’orientation vers l’autre serait le noumène de la liberté esthétique, et cette orientation se déterminerait comme devoir. Cohen commente : «La finalité esthétique se confondrait avec la finalité morale et l’idée de la finalité sans fin serait l’idée de la liberté sans loi et sans concept de la nature» (KBA, 213). Ainsi par delà l’humanité, faisant surgir la beauté de la nature par l'art, gouverné par la légalité de la conscience esthétique comme sentiment vivant harmonieux, l'homme viserait plus que l'intersubjectivité, c'est-à-dire la *personne* saisie comme inter-personnalité, et son opération conserverait cependant de par son origine sa spécificité irréductible. Et ainsi on parvient à l'expression la plus juste de la légalité esthétique : c'est la conscience de soi universelle du sentiment. En ce point Cohen a rejoint Fichte dont il ne pouvait se savoir si proche, car il s'appuyait comme beaucoup sur l'écrit de Hegel concernant la différence des systèmes de Fichte et de Schelling[1].

§. 9 - Les considérations sur le contenu de la conscience esthétique et sur les arts sont de moindre importance. Certes Cohen a écrit des pages précieuses sur l'imagination (KBA, 252 et suiv.) et montré son importance dans la *Mittelbarkeit*. De même, partant de la théorie de l'imagination, il a su correctement déduire le délicat concept du *génie* chez Kant. Dans la problématique de l'idéal et du symbole (KBA, 269), il a apporté des lectures nouvelles, reprochant toutefois à Kant de ne pas parvenir dans la philosophie du symbole à une claire position, puisqu'il se place à un point de vue où l'élément esthétique et l'élément moral sont identiques c'est-à-dire celui de l'homme (KBA, 270 et suiv.).

En quel point, pouvons-nous à présent nous demander, Kant n'avait-il pas donné une claire détermination transcendantale aux yeux de Cohen? Si l'on s'en tient à la *Kants Begründung der Ethik*, il est manifeste que Cohen a formulé bien des réserves. Mais dans son exposé apparemment linéaire, il a renversé des dogmes dans la philosophie juridique kantienne. Ainsi l'Etat fonde le droit (KBE, 431), contrairement à l'interprétation classique de Kant que nous avons pour notre part rejetée – et Cohen a repris avec bien

1. Alexis Philonenko, *La liberté humaine dans la philosophie de Fichte*, ch. III, – R. Lauth, *Le problème de l'inter-personnalité chez J. G. Fichte*, Archives de philosophie, 1962 (voir aussi mon introduction à ma traduction de la *Doctrine du droit* de Kant) ; *Hegel critique de la doctrine de Fichte.*

des corrections la théorie kantienne de la peine de mort, lui reprochant non seulement de n'avoir pas compris Beccaria et d'avoir fondé son jugement sur ce juriste en parlant d'une manière très regrettable "d'humanité affectée" (KBE, 444), mais encore de s'être fondé sur le *ius talionis,* si bien que des corrections il est en fait passé à la réfutation inavouée, tant son respect pour Kant est grand. Mais enfin ce n'est pas dans l'Etat, ni dans le droit, comme horizons déterminés, que les unités éthiques, par exemple la religion, doivent trouver leur sens : «Le problème de l'histoire est en fait l'ultime champ d'application de l'éthique pure» (KBE, 556). On doit donc dégager, par delà la *Critique de la Raison pure,* une éthique fondamentale permettant d'ouvrir l'histoire. Auparavant Cohen s'attachera à fonder et reformuler la *Critique de la Raison pure* dans la *Logique de la connaissance pure*[1]

1. Bien que mon exposé dans mon *introduction* à la *Doctrine du droit* de Kant tente de montrer que le droit naturel doit être réalisé par le droit politique – de telle sorte que le droit naturel est comparable à une esthétique pure sociale devant se fonder dans la physique sociale constituée par l'Etat – il est clair que, débouchant sur l'histoire, comme passage de la synthèse au système (76-77), il retrouve les principes de Cohen. Je m'en suis davantage écarté dans ma *Théorie kantienne de l'histoire,* soucieux d'échapper à la nouvelle pression de la philosophie hégélienne, dont Cohen pouvait faire abstraction. De ce point de vue il ne serait pas faux de dire que de Marbourg à Heidegger il existe une ligne continue que ne brise pas l'hégélianisme. Si parier sur la philosophie est parier sur le kantisme, alors ni Cohen, ni Heidegger en ce pari ne se sont appuyés sur Hegel.

II

LE SYSTÈME DE LA PHILOSOPHIE

La fondation de l'idéalisme transcendantal

Comme le montre la seconde édition de la *Théorie kantienne de l'expérience* surchargée d'additions comme de longs développements destinés à défendre la pensée kantienne, H. Cohen était convaincu que le kantisme se prêtait facilement aux plus graves malentendus. Le long chapitre consacré aux objections de Schopenhauer contre la déduction transcendantale (KTE, 447 et suiv.) est à cet égard exemplaire. Et sans doute est-il de l'essence de toute grande philosophie que d'être mécomprise. Mais faisant la part des choses, H. Cohen en venait à penser que la source des contradictions était intérieure à la formulation même que Kant avait donnée de l'idéalisme transcendantal. Une œuvre de rénovation s'imposait.

§. 1 - Le premier pas vers cette rénovation qui aboutira à la constitution d'un *Système de la philosophie* est l'essai de Cohen de 1883 consacré au principe de la méthode infinitésimale. Il tend partout à une intellectualisation radicale de la méthode rejetant le sensible comme principe. Les très importants développements consacrés à Leibniz (101-131) soulignent cette orientation qui va même jusqu'à éclairer la grandeur intensive et l'infinitésimal chez Kant en s'appuyant sur le conceptualisme leibnizien (170). Selon H. Cohen, le moment le plus délicat est la notion de sensation (*Empfindung*) qui en dépit de la purification de la sensation dans l'intuition, ne laisse pas de signifier un *donné*, c'est-à-dire une détermination ne découlant pas de la pensée et la *bornant* par conséquent. Sans doute Kant, selon Cohen, ne s'est pas véritablement fourvoyé et il le montre en examinant les énoncés de 1781 et 1787 du principe de la grandeur intensive dans la *Critique de la Raison pure* où, conscient du problème, le penseur de Königsberg a apporté des corrections importantes. Il demeure que l'on peut, selon Cohen, avoir le sentiment que l'idéalisme transcendantal kantien est borné, non pas au sens ontologique vulgaire – où l'on croit, avec Schelling, que l'idéalisme signifie que le monde est dans la conscience –, mais comme puissance radicale d'intelligibilité. Il faut dépasser cette ambiguïté : Cohen cite un très long texte de Leibniz affirmant à propos des infiniment petits que « tout se fait dans la Géométrie, et même dans la nature "comme si c'étaient de parfaites réalités" » (112)[1]. Or – et ici Kant peut servir d'appui à Cohen – il faut pour atteindre la vérité ne plus écrire comme Leibniz *comme si,* mais *parce que* et conférer à la méthode infinitésimale le seul statut digne d'elle, – être la loi et la force de la pensée –, de telle sorte que la sensation cesse à tous les points de vue de la borner. Natorp ne s'est pas trompé sur l'orientation de Cohen. Dans son écrit sur *Les fondements logiques des sciences exactes* Natorp a mis au cœur même de la pensée de Cohen, avant toute chose, la méthode infinitésimale qui à son avis exprime de manière prégnante « la puissance souveraine de la pensée sur l'être, à laquelle aucune borne absolue ne peut s'opposer »[2].

§. 2 - En 1902 H. Cohen publie sa *Logique de la connaissance pure*. Elle doit reformuler les déterminations de la *Critique de la Raison pure* pour les mettre à l'abri de la critique née dans l'équivoque. H. Holzhey dans son édition des *Werke* de Cohen, cite une lettre du 21.III.1902 de celui-ci à Natorp. L'éditeur de la *Logique de la connaissance pure*

1. G. W. Leibniz : *Mathematische Schriften*, Bd 4, 93.

2. P. Natorp, *Die logischen Grundlagen der exakten Wissenschaften*, Leipzig, 1910 (désormais cité dans le texte LGW), 219.

souhaiterait un titre général : *Système de la philosophie,* 1re partie, etc. Cohen demande si cela ne serait pas trop prétentieux. En fait les chose sont loin d'être claires en 1902. Il semble que le directeur de l'Ecole de Marbourg envisage de reprendre chaque critique de Kant dans un tout, qu'il hésite à nommer système. *La Logique de la connaissance pure* correspondant à la *Critique de la Raison pure* serait suivie par l'*Ethique du vouloir pur* reliée à la *Critique de la Raison pratique* et enfin l'*Esthétique du sentiment pur* répondrait à la *Critique de la faculté de juger.* On peut admettre cette disposition, mais seulement d'une manière scolaire, car dans la totalité de sa réflexion, Cohen, toujours idéaliste, a traité de problèmes relevant d'horizons différents, les uns liés à la théorie pure de la science, les autres rattachés plus proprement à la philosophie de la culture. Certes dans ce *tissu,* la *Logique de la connaissance pure* forme le pilier; mais toute une série de connexions intimes contraignent l'interprète à quelques corrections.

Aussi bien pour respecter la genèse de cette reprise systématique du criticisme que pour séparer logique pure et culture, on examinera tout d'abord la *Logique de la connaissance pure.* Pour qui se place au point de vue de L. Brunschvicg [1] cette œuvre est particulièrement déconcertante. Ce dernier séparait l'idée critique et le système kantien. L'idée critique c'était la mise en lumière de la forme d'intelligibilité de chaque science, et Kant avait su faire surgir l'essence propre des mathématiques méconnues à la fois par le rationalisme et l'empirisme [2]. Le système kantien, en revanche, c'était le misérable héritage de la scolastique aristotélicienne et principalement la doctrine catégoriale. Brunschvicg ira jusqu'à dire : «La catégorie, c'est le préjugé». Or Cohen maintient l'Idée critique qu'il saisit dans la méthode infinitésimale et la structure catégoriale. Déjà, dans la *Théorie kantienne de l'expérience* (KTE, 97),

1. L. Brunschvicg, *Ecrits philosophiques,* Paris, 1951, T. I ; 244.
2. *Ibid.,* 224-225.

il avait insisté sur le petit nombre des formes de pensée découvertes depuis les Grecs. Dans la *Logique de la connaissance pure,* il affirme que «les véritables éléments créateurs de la pensée scientifique... s'enracinent chez les Anciens» (LE,V, 50). Sans doute Cohen consent à reconnaître que des progrès furent accomplis dans la division des jugements (LE, 51). Méthode et formes (essentiellement les formes du jugement) doivent s'entre-croiser, en liaison avec les catégories, pour décrire le tissu propre de la pensée – rude tâche, selon Cohen, puisqu'il faudra sans cesse que dans cette référence aux Anciens s'indique un recul de la pensée kantienne. Elle n'inaugure pas véritablement la philosophie scientifique qui trouve sa racine dans l'Idée platonicienne saisie comme hypothèse (LE, 7).

§. 3 - Pourquoi ne pas s'en tenir à Kant?

Nous devons pour le comprendre revenir en arrière. On a vu la difficulté que suscitait l'*Empfindung,* borne posée sans fondement. Mais Cohen a été plus loin. Dans l'introduction à la cinquième édition de *L'histoire du matérialisme* de Lange, en 1896, Cohen reproche à Kant de considérer la mathématique comme une science indépendante et non pas comme la méthode de la physique scientifique. Par là se développait tout un domaine étranger à l'unité de la science et fondé dans l'*intuition.* Dès lors le criticisme présentait sans les unifier en soi – se contentant de montrer comment l'une pouvait servir l'autre – deux valeurs scientifiques : la mathématique et la science physique. Et l'*intuition* devait finir à son tour par s'opposer comme l'*Empfindung* à la pensée en sa pureté (LE, 12). Elle signifiait que «la pensée avait son commencement *en dehors* d'elle». «Telle était la faiblesse kantienne».

Mais de plus «à la déduction métaphysique des catégories, expression par laquelle Kant désigne seulement les concepts fondamentaux, correspondent les formes du jugement. Or comme la valeur de l'*a priori* ne culmine nullement dans le sens critique de Kant dans la signification métaphysique, mais bien plutôt seulement dans sa fondation transcendantale... on voit le danger auquel s'exposait Kant en partant de la division traditionnelle des jugements» (LE, 48-49). *Mezzo voce* la critique de Cohen rejoint celle de Hegel : Kant a eu raison de s'appuyer sur peu de principes – mais il a eu tort de tout établir à partir de la logique de Port-Royal.[1] Voilà pourquoi Kant n'a pas saisi en sa profondeur, si nous unifions ces deux moments, le sens systématique de la logique transcendantale. Cohen résume ainsi la conclusion de ces considérations : «Si la logique est logique de la science et principalement de la physique mathématique, elle doit par excellence être la logique du principe du calcul infinitésimal» (LE, 34). Il ne doit pas exister de domaine de l'intuition extérieur à la pensée comme logique infinitésimale ; les formes propres du jugement doivent dépendre de celle-ci et non de la logique formelle.

§. 4 - Mais cette logique transcendantale, comme "critique de la connaissance", doit indiquer son problème, et en celui-ci exhiber sa légitimité. La logique infinitésimale est dominée par le concept d'*origine* (LE, 35). L'origine est le moment qui précède toute réalité, toute matière – c'est la pureté totale où rien n'est donné (LE, 36). «Penser est penser l'origine» (LE, 36). On peut ici pour faciliter la compréhension penser au zéro d'intuition dont parle Kant à propos de la grandeur intensive. Mais ce zéro doit être non pas relativement, mais absolument pensé. Au détour d'une phrase on découvre une racine de la pensée de Cassirer : «La pensée du chaos témoigne de l'intérêt que le mythe cosmogonique prenait à la question de l'origine» (LE, 79). Comment quelque chose peut-il surgir? De par le *néant* (LE, 84). «C'est par le détour du néant que le jugement expose l'origine du quelque chose». Mais précise Cohen : non pas *ex nihilo,* mais *ab nihilo*. Il ne s'agit pas de faire surgir du sein du néant quelque chose, mais d'engendrer à partir du néant une signification. Que dans ce recul absolu en deçà de

1. C'est à la critique exposée dans la *Phénoménologie de l'Esprit* que je fais référence.

l'étant la pensée puisse s'engendrer en même temps que les significations, Cohen le prouve par l'exemple de Platon : tout le *Sophiste* est fondé dans la pensée du non-être (LE, 86). Et de même l'Idée du bien chez Platon est au delà de l'essence et de l'existence et ainsi hypothèse puisque l'effort suprême consisterait à lui procurer l'Etre. Dans le néant la pensée se présupposait seule et ainsi «toutes les connaissances pures devraient être des modalités du principe de l'origine» (LE, 36).

Ainsi est formulé d'un coup l'horizon absolu et total de la *Logique de la connaissance pure.* Toutes les connaissances pures (formes du jugement et catégories dans leur corrélation, plusieurs catégories pouvant valoir dans un jugement et réciproquement (LE, 52), doivent être déterminées d'après l'origine, et on examinera par exemple la totalité des significations de la nécessité (LE, 501 et suiv.). P. Natorp n'a nullement admis la formulation du principe. Dans l'écrit précité il affirme : «Du néant ne vient que le néant» (LGW, 25). Les objections qu'il présente font penser à celles si souvent adressées à Hegel voulant dans sa *Science de la Logique* partir de l'Etre pur[1]. Dans un manuscrit publié par Holzhey dans son *Cohen und Natorp,* l'auteur de la *Doctrine platonicienne des Idées* insiste sur le caractère stérile du néant et lui oppose "la négation relative" (II, 51), c'est-à-dire l'autre, au sens de Platon. Mais si Cohen s'en tenait si fermement au "néant comme aventure de la pensée" (LE, 84), c'était pour triompher absolument de l'intuition. D'où la célèbre formule : «Nous débutons avec la pensée». (LE, 13). Mais ce faisant Cohen ne s'enferme pas dans un idéalisme vide. Ou plutôt : le rapport au réel doit être engendré à l'intérieur de la pensée qui produit des unités intellectuelles, des objets. Dans une longue discussion sur l'idée de *donné*, Cohen montre que ce qui est "donné", ce sont les *data* de l'analyse mathématique (LE, 82) et plus loin, résumant tout, il affirme que si l'on part de l'idée de donné

1. Cf. Feuerbach (Bolin-Jodl) SW. Bd II, 196 sq.

comme A quelconque, la pensée de l'origine sera perdue, tandis qu'en posant le x mathématique on s'engage dans une voie précise. Le A est *indétermination,* le x est "déterminabilité" (LE, 83). Dans cette discussion difficile parce que sans cesse on se voit pressé par le réalisme naïf, ce qui est en question est double. D'une part qu'en est-il du réel que la logique de l'origine doit atteindre? D'autre part quelles sont les limites? Le réalisme naïf répond ainsi : l'objet qui doit être atteint est celui de la sensation – les bornes de la pensée sont l'être de l'objet. Mais la logique transcendantale de Cohen prétend répondre autrement : son recours au néant signifie sa vocation à une intelligibilité totale et illimitée – à partir de là disparaît l'être de l'objet dont émerge la seule vérité concevable : son sens mathématiquement déterminé.

Mais cette visée vers le sens mathématique, donc *idéal,* de l'objet ne s'opère pas dans la logique de l'origine selon une méthode arbitraire. En 1883 Cohen avait montré toute l'importance de la notion de continuité dans la pensée infinitésimale. Dépassant Leibniz qui regarde la méthode infinitésimale comme une *fiction utile,* Cohen élève la continuité au niveau de "loi de la pensée" (LE, 93). "La continuité est la loi intellectuelle de la connaissance" (*Ibid.*). Et en effet dans la continuité produisant moment par moment l'objet, donc le saisissant dans sa totalité sans solution de continuité, la pensée se découvre simultanément dans l'objectivité comme pensée de l'objet. Natorp commentera : «Le progrès, la *méthode* est tout... C'est pourquoi le "fait" de la science ne peut être compris que comme "*fieri*"... Le *Fieri* seul est le "fait" » (LGW, 14).

§. 5 - Dans son exposé, après la fondation, Cohen s'attache à développer le contenu de la connaissance pure. Il examine d'abord les jugements des lois de la pensée (Origine, identité, contradiction) – puis les jugements de la mathématique (réalité, pluralité, totalité) – viennent ensuite les jugements de la physique (Substance, loi, concept) – enfin les jugements de la modalité (possibilité, effectivité, nécessité). Le concept de la syllogistique exposé, Cohen achève son travail par des considérations sur l'idéalisme[1].

La qualité du travail est difficile à apprécier. D'une part, il y a une certaine lourdeur dans l'exposé découlant du souci de Cohen d'être exhaustif pour chaque moment. Mais d'autre part, la *Logique de la connaissance pure* n'étant en rien un pur traité formel, Cohen parvient à éclairer non sans génie des points difficiles et par exemple le darwinisme (LE, 367). Enfin et surtout, on trouve beaucoup de réflexions touchant l'histoire de la philosophie, saisie selon "le peu de principes", qui enrichissent les prolégomènes de *La théorie kantienne de l'histoire*. De là une richesse qui ne surprendra pas, si l'on se souvient qu'en 1883 il avait assimilé la connaissance critique et la logique transcendantale elle-même.

Le livre de Natorp – *Les fondements logiques des sciences exactes* – publié en 1910 fut précieux à beaucoup d'égards. Sans doute sa position générale était-elle distincte de celle de Cohen dans la détermination du principe suprême comme *unité synthétique* (LGW, 28). Mais il faudrait une recherche approfondie dans le détail du développement de la logique transcendantale pour saisir des divergences réelles – qui pourtant, autant qu'on puisse juger, ne sauraient rompre la relation à Kant. Natorp est tellement proche de Cohen parfois qu'on croit assister à une pure reprise. D'une part, plus clairement que Cohen encore, il définit, dans une critique d'Aristote, le rapport du concept et du jugement. Loin que chez Aristote le jugement fonde le concept, il est au contraire privé d'activité génétique, simple pouvoir d'application. Pour qui se lie à Aristote la primauté de la synthèse comme jugement produisant concept et réalité objective disparaît au profit de l'analyse, non pas infinie – au sens infinitésimal – mais indéfinie (LGW, 17 et suiv.). Chez Aristote le jugement est simple tautologie et « le progrès de la connaissance, le caractère de procès de la pensée sont

1. Voir le tableau récapitulatif proposé par H. Dussort, *op. cit.*, 142.

entièrement perdus» (LGW, 38). Ainsi se marque dans l'histoire de la pensée, avec plus d'énergie que chez Cohen même, une croix, une opposition : Aristote ou Kant. Depuis longtemps cette opposition était présente dans l'Ecole de Marbourg. Il appartient à Natorp de l'avoir formulée avec la dernière rigueur. D'autre part alors, selon son principe de l'unité synthétique – si proche de l'aperception kantienne –, Natorp entreprend à son tour l'analyse en profondeur des catégories kantiennes. Cohen n'avait pas repris les titres des catégories kantiennes pour diviser son travail. Natorp les reprend et discerne la quantité, la qualité, la relation, la modalité et dans sa recherche de grand style apporte des idées intéressantes – par exemple la relation chez Kant est relation de relations, "synthèse de synthèses" (LGW,66). «Penser écrit, Natorp, c'est mettre en relation» (LGW, 67) et ce qui illustre chez Kant la relation est la fonction. A partir de là, une critique approfondie d'Aristote s'organise, dans la mesure où la théorie centrale de la substance chez l'auteur de la *Métaphysique* est tout sauf une fonction (LGW, 71).

Mais Natorp compléta systématiquement le travail de Cohen qui dans son écrit de 1883 avait achevé l'histoire du calcul infinitésimal avec Cournot. Natorp examina avec soin les mathématiques nouvelles sans se demander si elles étaient conformes à la lettre de la *Critique de la Raison pure,* mais à son esprit : nous lui devons des études approfondies sur les œuvres de Cantor, Dedekind, Weierstrass, Pasch, Veronese. On relèvera deux moments. D'une part Natorp a montré avec élégance que Cantor s'était trompé, à propos du concept d'infini, dans son jugement sur Kant. Cantor attribuait à Kant une fausse conception de l'infini : celle qui regarde l'absolu comme limite du fini. Or cette idée est repoussée par Kant comme dogmatique – il la détermine comme «la totalité des conditions dans l'inconditionné» et la répute dialectique. Mais, selon Natorp, «l'infini actuel... de Cantor se subsume manifestement sous le concept mathématique de l'infini de Kant», qui aurait dû seulement mieux distinguer l'infini authentique mathématique du simple indéfini (LGW, 168). D'autre part Natorp s'est livré – ce qui est de grandes conséquences – à une impitoyable critique de la mathématique des nombres imaginaires qu'il appelle "l'arithmétique de l'orgueil" (LGW, 240). Celle-ci est moins faite de raisonnements que de décrets. Ainsi puisque l'équation x2 = – 1 n'a pas de racine réelle, on trouve la solution dans un "nouvel élargissement du système des nombres". Et Natorp dénonce les faux énoncés : ainsi – 1 = –1.1/2 "n'est absolument pas un nombre" (LGW, 247). Il reste que Natorp n'a pas entièrement suivi la philosophie mathématique de Kant. Repoussant comme Cohen le moment de l'intuition (LGW, 273, 277, 279), donnant la priorité au concept, il a opéré une profonde reconstruction des principes mathématiques, s'orientant finalement vers Leibniz. Toutefois dans de longues réflexions (LGW, 309 et suiv.) il a rejeté la "méta-géométrie" comme il avait écarté les nombres imaginaires et tout ce qui en dépendait. Kant n'a pas eu raison de soumettre l'espace à l'intuition, mais il a eu raison de vouloir une géométrie convenant à l'expérience possible (LGW, 318). C'est la physique qui décide de sa géométrie, et Natorp proclame son accord avec Wellstein voulant que les événements de la physique et de la nature soient représentables dans l'espace euclidien (LGW, 323). Dépassée dans la synthèse ou pensée, l'intuition autorise la permanence de l'idéalisme transcendantal. – Enfin Natorp a étudié le principe de la relativité d'après les travaux de Minkowski. Sans méconnaître l'utilité de cette recherche, Natorp, avec justesse, ne croit pas que dans son développement, elle éliminera les théories de Newton (LGW, 400). Il note que le principal résultat de Minkowski – l' "invariance" des lois de la nature – s'oppose avec fécondité aux "transformations de Lorentz" (LGW, 403) et fortifie à bien y regarder la mécanique de Newton, dont certains aspects évidemment demandent à être révisés. Natorp avait raison : la doctrine généralisée devait moins réfuter la philosophie naturelle de Newton que la *situer* et certains l'ont définie comme un cas ou une phase : celle de la macro-physique.

On voit dès lors quelle pouvait être la conclusion de Natorp : les *fondements logiques* – et il faut donner tout son poids au mot *logique* – de l'idéalisme transcendantal n'étaient pas dépassés. Quant au *néo-kantisme,* il trouvait sa juste définition dans la mesure où le retour à Kant était et se révélait comme une rénovation et un progrès. Avec Natorp, sans se confondre avec les sciences, la philosophie comme opération de fondation participait de l'idée de progrès, comme loi fondamentale de la pensée.

§. 6 - Ce fut le moment où intervint Cassirer. Son célèbre livre *le concept de substance et le concept de fonction* paraît en 1910, l'année même où Natorp publiait l'ouvrage qui a été examiné. Cohen ne fut pas insensible au travail de son élève. Dans une lettre il lui déclare envisager un deuxième tome de la *Logique de la connaissance pure,* mais reconnaît qu'en fait *Le concept de substance et le concept de fonction* constitue ce second tome. Il observe que Cassirer soutient « que le concept de relation est une catégorie ». Mais il précise : « C'est une catégorie pour autant qu'il est une fonction et exige comme tel nécessairement l'élément de l'infinitésimal, qui seul est le fondement de l'être idéal » (W. VI, XXI).

Inspiré par l'Ecole de Marbourg l'ouvrage de Cassirer, qui repose sur la disjonction des concepts de substance et de fonction, se caractérise par le fait qu'au lieu de s'appuyer comme la *Logique de la connaissance pure* de Cohen sur une délimitation *a priori* transcendantale des jugements, fondateurs des concepts, il cherche à fonder dans l'analyse patiente des sciences les principes fondateurs. C'est presque dire que par rapport à l'œuvre logique de Cohen, le travail de Cassirer est une logique transcendantale appliquée de la science. Caractéristiques sont à cet égard les chapitres II et III consacrés aux mathématiques, et l'étude portant sur le principe de continuité chez Poncelet et Chasles, redéfini comme "principe de la permanence des relations mathématiques" (SF, 105). Si Cohen avait, appuyé sur la méthode pure du calcul infinitésimal, délimité l'idéalisme transcendantal comme théorie de la fonction en se fondant sur le *jugement déterminant* au sens de Kant, Cassirer avait plutôt mis en œuvre le *jugement réfléchissant* déterminé dans la dernière critique kantienne. La prévalence du jugement réfléchissant sera par la suite sans cesse réaffirmée chez Cassirer.

Natorp avait opposé la pensée aristotélicienne et la philosophie critique. Cassirer débute son exposé en poussant l'opposition à la rupture. Il affirme d'emblée que la logique aristotélicienne dans ses principes généraux est l'expression fidèle et le miroir de la métaphysique d'Aristote (SF, 4). L'être commande la pensée et les développements de la logique dépendent des formes de l'ontologie. Par là le jugement, comme l'avait vu Natorp (LGW, 38), reste soumis à la catégorie comme principe, en dépit des efforts opérés pour une conversion. A partir de là le sens même du concept est faussé : au lieu d'exprimer un rapport fondé sur un jugement, il «forme une partie de la réalité sensible» (SF, 6) et borne la science à n'être que pure description contingente, où, suivant le langage, c'est la conception biologique primaire qui guide la pensée : de même que la phrase exige un *sujet* pourvu d'attribut, de même le concept biologique générique suppose des déterminations qui le précisent. Par là s'indique enfin, sans qu'on en mesure la portée, le concept de *substance*, pensée ontologique qui animait toutes les démarches. La substance, disait Hegel, avait «la signification d'être l'essentialité de l'étant»[1] et Cassirer poursuit en affirmant qu'à ce titre il en jaillissait une conception stérile du savoir : «Le système complet des définitions scientifiques serait aussi l'expression totale des forces substantielles, qui gouvernent la réalité» (SF, 9). L'opposition conduisant à la rupture peut alors être définie. Toute l'ontologie et la logique d'Aristote se ramènent à l'axiome : "Penser, c'est parler" et cet axiome se détermine

1. Hegel, *Phaenomenologie des Geistes*, 178. Voir mes *Etudes d'histoire de la philosophie moderne*.

par le *concept de chose* ou de *substance*, dont la définition par les attributs ne sera jamais achevée[1]. A cela s'oppose le discours mathématique qui produit le *concept de relation*, fondé dans la précision du jugement synthétique mathématique et qui se formule comme *fonction* se ramenant à l'axiome : "Penser, c'est calculer". Répétons-le : plus qu'une opposition, que certains moments pourraient atténuer, c'est une rupture qui définit la tâche de Cassirer : déterminer dans les grands moments scientifiques ce qui relève de la logique aristotélicienne de la substance et célébrer l'avènement de la fonction comme concept de relation.

L'orientation de Cassirer à travers ses chemins épistémologiques s'est arrêtée à des points fondamentaux. C'est ainsi qu'il critique avec vigueur le livre de S. Pearson : *The Grammar of Science*. Que veut montrer Cassirer ? C'est que « l'idée de "corps" défini dans la géométrie pure doit se substituer au corps reçu, et que sa transformation dépourvue de borne doit être acceptée, si l'on doit parvenir à la fondation d'une doctrine exacte du mouvement » (SF, 159). Pearson acceptait l'idée que le corps en son mouvement ne pouvait être déterminé que mathématiquement. Mais, dès qu'il s'agissait de l'*éther*[2], Pearson invinciblement attiré par la logique grammaticale aristotélicienne de la science, sans pouvoir cependant écarter l'orientation critique, se trouvait pris dans d'insolubles antinomies. Cassirer ne dénie pas toute perspicacité à Pearson. Mais appuyé sur cette antinomie issue de deux logiques, celle de la substance et celle de la fonction, il est obligé de soutenir que la mécanique doit être saisie "comme une pure science descriptive", tendant sans cesse vers un *datum* impénétrable, la substance, (SF, 161), si bien

1. Cf. H. Maier, *Die Syllogistik des Aristoteles, Ier Teil, Die logische Theorie des Urteils bei Aristoteles, Tübingen*, 1896, 175 notamment. Là s'enracine la critique de Cassirer qui cite Maier (SF, 9) et insiste sur II, 2, 183 et suiv.

2. On sait que l'éther est le concept physique que la théorie de la relativité généralisée évacuera.

que la tâche transcendantale est ressuscitée, contrainte de remanier les relations entre le *concept* et l'*existence*, l'*Idée* et la *réalité*. (SF, 163). Cassirer définira alors sa relation à Kant en le dépassant. Il ne reconnaît pas à la distinction entre le jugement synthétique et le jugement analytique une grande portée. C'est que, comme Cohen, il tend sans cesse à absorber l'intuition dans la logique infinitésimale. Aussi est-ce en un sens bien spécial qu'il reprend la méthode antinomique de Kant. Il oppose ainsi dans une antinomie[1] des "conceptions du monde" (SF, 162). D'un côté se pose l'empirisme soutenant qu'on peut poser comme réel ce qui est objet de sensation. De l'autre côté s'affirme l'idéalisme constituant le réel en formules et structures. Ainsi posée, l'antinomie selon Cassirer serait insoluble. Mais si l'on remarque que l'empirisme ne varie jamais dans son appréhension et sa détermination de l'objet, on doit aussi remarquer qu'il y a une multiplicité de champs mathématiques, dont beaucoup, comme l'algèbre, échappent au conflit déterminé par Cassirer.

Si la technique antinomique de Cassirer diffère de celle de Kant, c'est surtout parce qu'il écarte la dialectique de sensualisation des noumènes (qui constitue chez Kant l'empirisme) et d'intellectualisation des phénomènes (qui constitue le dogmatisme rationaliste). Pour Cassirer l'antinomie oppose deux compréhensions du monde, l'une méthodique, l'autre non, et il s'approche dans son opération technique de Hegel. Pourquoi maintenant, demandera-t-on, élaborer des antinomies ? C'est que l'édifice mathématique pur – par exemple dans la théorie du mouvement – ne peut par lui-même parvenir au réel. De part en part imaginaire, si l'on ose dire, il ne peut éviter de tomber dans une antinomie. La résolution de celle-ci, qui consiste à montrer que toutes les disciplines mathématiques interviennent directement ou indirectement, consiste à exhiber ce cosmos, tandis que la

1. Sur la théorie de l'antinomie chez Kant, cf. Alexis Philonenko, *Etudes kantiennes* II.

mathématique se rattache étroitement à la physique, science de la réalité. Ainsi devient clair – tandis que la "mosaïque empirique" elle-même y trouve son compte puisqu'elle ne sombre pas dans le chaos (SF, 170) – que seule l'*unité* transcendantale méthodique, déterminée comme fonction (*Ibid.*), peut procurer à nos concepts une dimension *réelle* et intelligible. C'est l'unité idéale méthodique fonctionnelle de la mathématique , en sa diversité, qui est le fondement sûr de la réalité. Mais cette unité est sans cesse en travail. Cassirer cite Kepler, qui refusant qu'on confonde le mathématicien et le calculateur, voit dans la mathématique une source d'hypothèses tendant toujours à l'unité synthétique élaborant ainsi la théorie, tout en réglant l'expérimentation (SF, 179). – L'être a toujours été naïvement déterminé comme *solidité*. Qui détruira une brique? Toute personne en trouvant le temps. Qui brisera 2 + 2 = 4? Personne – et la solidité absolue de la mathématique apparaît. Avant même de dépasser l'antinomie le mathématicien est sur un terrain indestructible.[1] Aristote, ignorant la fonction, n'a su le voir.

Nous pouvons apercevoir maintenant l'autre erreur de Kant. Il distinguait le jugement synthétique *a priori* dans la science (par exemple l'application de la permanence dans l'ordre du temps) et le jugement synthétique *a posteriori* ou encore jugement de perception (cours du temps). Cassirer croit voir un grave contre-sens : Kant n'aurait pas dû laisser subsister quelque chose de ce genre (SF, 324). Car à travers le jugement de perception, il donnait à penser que le réalisme naïf possédait quelque vérité. La théorie de la science, pour éviter cette confusion, devra élaborer une psychologie de l'événement conscient (*Erlebnis*). Certes nous ne trouvons pas cette psychologie fondamentale dans le livre de Cassirer, mais, souvent très proche de Husserl, Natorp dans son *Allegemeine Psychologie* de 1912, l'élaborera avec beaucoup de pertinence, réussissant à composer une

1. E. Cassirer, *Das Erkenntnisproblem*, etc., I 258 et suiv. 308 et suiv. II 322 et suiv.

psychologie propre à fortifier la science, sans pour autant être une psychologie "psychologique". Ainsi toutes les valeurs logiques basculent du côté de la philosophie de la fonction. On peut situer en ce point l'une des origines de la *Philosophie der symbolischen Formen*. Et pour mieux assurer sa position Cassirer avait écrit : « Le problème fondamental de la psychologie trouve sa détermination dans la perspective des questions fondamentales de la logique pure et de la mathématique » (SF, 436). Pour la première fois dans l'histoire de l'idéalisme allemand, la psychologie cessait d'être la négation du principe transcendantal pour, au contraire, être exigée par lui dans les limites d'une nouvelle phénoménologie. Cassirer, achevant son livre, a examiné avec soin les prolégomènes de cette psychologie non psychologiste, et il a conclu qu'elle devait, comme les autres sciences, être arrachée au principe aristotélicien de la chose. L'ultime repère de l'aristotélisme, l'âme comme substance, se voyait à son tour détruit. L'idéalisme transcendantal devenait pour la première fois total, tandis que partout il triomphait de l'ontologie.

L'Ethique du vouloir pur

De même que la *Critique de la Raison pratique* est au cœur de la philosophie kantienne, de même l'*Ethique du vouloir pur* est au cœur du système de Cohen, tandis qu'elle s'appuie sur la *Logique de la connaissance pure* et offre son soutien à l'*Esthétique du sentiment pur*. Cohen se rattache immédiatement à Kant : « Notre Esthétique pose donc le problème d'une critique de la raison pratique » (EW, 228). Il aurait dû préciser : "une nouvelle critique" tant ses orientations divergent souvent de celles de Kant, dont il ne retient vraiment, avec toutes ses implications certes, que le concept de *communauté*, mis en lumière dans la quatrième partie de la seconde édition de la *Fondation kantienne de l'éthique*.

§. 1 - L'écrit de Cohen se différencie – dans une certaine mesure naturellement – des autres. Il noue dans un tissu compact les enseignements de l'histoire de la philosophie, met en jeu les catégories de sa Logique, catégories reposant sur les jugements et ne cesse de côtoyer la philosophie juridique, la politique, l'histoire proprement dite, sans oublier la psychologie.

De cet ensemble Cohen livre la justification immédiate. Débutant son livre par une allusion à Socrate voulant par delà les choses retrouver l'homme, il écrit : « L'Ethique, en tant que doctrine de l'homme, est le centre de la philosophie » (EW, 1). Puisque Kant a défini l'homme comme l'être qui pose les questions métaphysiques qui constituent la philosophie, l'Ethique est aussi la fondation de la question métaphysique en tant que question du sens de l'existence. Et cela est d'autant plus vrai que, pensant l'Ethique dans l'homme, Socrate a trouvé le concept, si bien qu'en tant que doctrine de l'homme, l'Ethique est la doctrine du concept de l'homme. Le premier résultat de la pensée fut consacré à découvrir le rapport comme appartenance de trois concepts : concept, homme, Ethique. Or dans cet indestructible lien un moment, au point de vue de la classe des jugements mathématiques (unité, multiplicité, totalité) (LE, 174, 546), demeurait indéterminé. Sans doute, comme Soi, comme sujet, l'homme pouvait revendiquer une unité. Mais appartenait-il à la multiplicité (dont dérivent les volontés partielles de certaines corporations) où à l'unité comprise comme totalité ? [1]

A cette question Cohen entendait répondre d'abord *systématiquement* en dévoilant l'inachèvement de la pensée kantienne souligné plus haut. Pour la *Critique de la Raison pure,* comme fondation logique des concepts, répondait la physique mathématique. Mais rien n'entourait ainsi la *Critique de la Raison pratique*. Ecartant une à une les prétendues sciences fondatrices, la psychologie, la sociologie, l'histoire et naturellement la théologie, Cohen pose

1. Cohen repousse la conception fichtéenne de la totalité qui, pour lui, retombe dans l'aristotélisme.

que c'est la *Science du droit,* en tant que savoir correspondant à la physique mathématique dans la logique transcendantale qui joue ce rôle. C'est en tant qu'elle constitue "la mathématique des sciences de l'esprit" (EW, 66) qu'elle peut valoir comme mathématique de l'Ethique. L'erreur de Kant fut de dissocier éthique et droit et de leurs assigner des principes métaphysiques distincts (EW, 67). Il faut bien comprendre en quel sens Cohen rejette la psychologie par exemple. De celle-ci il n'hésite pas à dire que Platon « en fut le fondateur » (EW, 9). Mais la psychologie, définie comme mathématique de l'Ethique, l'entraînerait par sa facticité dans la nature et dans la biologie, sphère relevant de l'être, non du devoir-être. Fondée, l'Ethique pourra faire appel à la psychologie, mais elle ne peut faire de la psychologie son fondement. Cohen n'oublie pas que c'est dans l'histoire concrète – il en va de même pour les mathématiques et la logique – que droit et moralité sont nés en s'appuyant l'un sur l'autre. Mais ce moment *a posteriori* n'annule en aucune façon la légalité interne *a priori* qui les unit. La politique romaine a donné naissance au *ius civile,* puis s'élargit au droit des gens (*ius gentium*) ; de là naquit le concept du *droit naturel.* Considérant cette évolution Cohen écrit : « Le droit du droit est le droit naturel ou l'Ethique du droit » (EW, 70). Aussi apparaît le moment capital : c'est à l'Etat qu'il revient en se constituant de réaliser en soi le droit naturel, et il apparaît comme le projet ultime de l'Ethique du vouloir pur. Par là est tranchée la question de la multiplicité ou de la totalité comme unité transcendantale, garantie par le jugement d'unité issu de la Logique de la connaissance pure. Aussi peut-on affirmer que « la corrélation de l'individu et de la totalité constitue le problème propre de l'Ethique » (SW, 75). Se rattachant à Platon (EW, 112), elle le résout en visant un Etat idéal où l'individu étant pour l'Etat et l'Etat pour l'individu, l'antinomie de la communauté et de l'Etat, déjà commentée par le jeune Fichte[1], se résout d'elle-même.

§. 2 - Mais une seconde ligne se forme à partir de laquelle on pourrait penser que Cohen se contredit sévèrement. Bien qu'il pense « l'action comme problème fondamental de l'Ethique » (EW, 72) et ne l'envisage que dans une totalité où s'échangent les significations dans la parole, si bien qu'on est autorisé à dire « qu'il n'est pas de vouloir sans parole » (EW, 193)[2], Cohen entreprend de montrer que l'Ethique du vouloir pur n'est compréhensible que dans la corrélation Moi-Tu. Le con-citoyen doit être posé comme le prochain. – Sa démonstration est singulière. Il constate que chez Fichte les deux moments principaux sont le Moi et le Non-Moi, qui peuvent valoir en un sens autre que celui reconnu par la *Doctrine de la science*. Il s'agit, en effet, selon Cohen d'un jugement infini, en lequel par le détour du néant, un "quelque chose" peut être posé. Or à l'*origine* du Moi – car le jugement infini porte sur l'origine – rien ne peut être, si ce n'est l'*autre*. Peu convaincant, selon nous, Cohen explique que l'autre ne saurait être chose. « Le Non-Moi doit être utilisé exclusivement comme concept d'origine du Moi, et nullement comme corrélat envers chose et réalité » (EW, 208). Le Non-Moi – ici Cohen se redresse – doit être posé comme corrélat du Moi dans le monde de la personne. Jugeant la formule "fausse, et méthodiquement incorrecte" (EW, 209) Cohen cherche ce qui dans sa démarche était peu convainquant. Bien qu'il fût en réalité question de la conscience de soi éthique, ce qui était obscur était le statut de l'autre comme origine du Moi. Se rapportant uniquement au concept de l'homme le Non-Moi devait-il être pensé comme multiplicité ou comme le deuxième homme, le prochain ?

1. Alexis Philonenko, *Théorie et praxis dans la pensée morale et politique de Kant et Fichte en 1793*, IIe partie, ch. XIII.

2. Manifestement Cohen cherche à lier intériorité et extériorité pour échapper à la critique hégélienne des intentions morales vides et pour cela opposées à l'éthique. Ce qui est cherché est une *Aufhebung* de la belle âme.

(EW, 209) Selon Cohen le Non-Moi, par la médiation duquel comme jugement infini le Moi se pose, n'est pas un moment quelconque de la multiplicité des hommes, mais il est le second homme, le *prochain* (EW, 211). Il a une formule hardie : « L'autre n'est pas un autre ; il se situe bien plutôt dans une relation de continuité avec le Moi. L'autre, l'*alter ego* est l'origine du Moi » (EW, 212). Il poursuit : « Le problème de la conscience de soi est le problème du vouloir pur. Or la volonté pure s'accomplit dans l'action. Et comme on l'a vu à propos de l'action juridique », « la conscience de soi est en première ligne conditionnée par la conscience de l'autre » (EW, 212-213).

Cohen retire de ces considérations deux bénéfices. D'une part il démontre que l'objet *final* spécifique de l'action éthique est toujours une conscience qui se pose comme un Toi. A la fin de mon action éthique ce n'est plus l'autre indéterminé dans la multiplicité qui est atteint, mais le Toi précisément, ou la *personne* (juridiquement fixée dans le texte de Cohen). D'autre part, posant l'origine de la conscience du Moi dans le Non-Moi, il évite de poser à la racine de la conscience de soi éthique ce qu'il nomme l'*Affekt* (EW, 116), c'est-à-dire le cœur, *puissance moyenne chez Platon,* entre l'âme raisonnable et le désir (REP. VIII). Cohen ne retire pas toute valeur à l'*Affekt,* mais ici le rapport fondateur ne s'effectue pas en lui, ou s'il y contribue c'est logiquement en un sens secondaire. Cohen, après Feuerbach, mentionne que le plus haut concept de la religion est l'*amour* et que l'amour a engendré le *prochain* (EW, 216). On ne niera pas les données de l'expérience. Mais l'autre comme prochain doit évoluer et se saisir comme exigé par le droit comme par l'Etat. Du même coup l'*Affekt* est dépassé et renvoyé à ses incertitudes affectives – puisque l'*Affekt* est tout au plus un suffixe (EW, 216), à l'amour s'oppose la haine et en dépit de Spinoza, tendant vers l'*amor intellectualis,* l'*Affekt* s'enveloppe dans l'équivoque. Un amour privé de sentiment et seulement intellectuel ne saurait comme le veut Spinoza fonder l'éthique. – Le second bénéfice, à première vue moins impressionnant, consiste dans cette phrase qui enveloppe la totalité juridico-éthique : «Sans le prochain il n'y a pas d'individu» (EW, 226). Parce qu'il devient *personne* dans la médiation où, posé comme origine du Moi, il est un *alter ego,* l'individu est arraché à l'anonymat de la multiplicité indistincte, qui subsisterait, le cas échéant, sans lui. Comme *alter ego,* origine du Moi, personne juridico-éthique, l'individu devient *homme.* la déduction du concept d'homme, dont «Platon ne possédait pas l'Idée» (EW, 210) s'accomplit, tandis que tout individu dans la totalité de l'Etat est un prochain possible. Le prochain fonde toutes les relations éthiques positives.

§. 3 - On éprouve une certaine gêne en constatant comment, en dépit de son adresse, Cohen d'abord attiré par l'Etat, détermine comme concept central de l'Ethique le prochain. Plus encore, si juste soit-elle, la référence à Philon pour lequel, Moïse et Platon se trouvant liés, «l'homme deviendrait l'Idée de l'homme» (EW, 211), peut bien éclairer l'unité de l'homme, mais elle n'est qu'une étape dans la fondation du prochain que peut revendiquer sur le simple plan moral la pensée chrétienne. Ici buttent les savantes déductions de Cohen, et rien n'est moins évident que le passage du prochain, comme *Neben-Mensch,* à la personne liée au droit et à l'Etat. A ces objections, Cohen pourrait sans doute répondre qu'elles n'effacent pas la valeur réfléchissante des concepts de la second ligne, et qu'on pourrait s'en tenir aux concepts déterminants de la première ligne.

En réalité la difficulté est ailleurs : un concept central manque chez Cohen et celui-ci avait été repéré par Feuerbach. L'Ethique pure jette les concepts de sous-homme (*Unter-Mensch*) par la fenêtre ; il lui reste l'homme (*Mensch*) et le prochain (*Neben-mensch*). Mais dans sa tardive *Religion der Vernunft,* Cohen introduit le concept de

Mit-Mensch[1] que Feuerbach avait saisi dans sa réflexion sur la pitié[2]. Centre des relations juridiques, éthiques et religieuses, indiquant la communauté comme valeur cardinale, débarrassé surtout de la *sentimentalité* inhérente à la notion de prochain, "l'être-homme-avec-l'homme" fournissait le clair concept qui manque à l'*Ethique du vouloir pur*. En plus il était conciliable avec les moments déterminants de la première ligne et conduisait aussi bien à s'interroger sur la *pureté* comme détermination essentielle de l'Ethique. Si le *Mit-Mensch,* "l'être-homme-avec-l'homme" pouvait (et devait remplir l'expérience, la pureté ne consistant pas à philosopher "contre l'expérience" comme l'a si bien dit Malebranche.) intervenir, Cohen n'agit pas bien en en faisant l'économie.

Feuerbach considérant la misère des ouvriers des fabriques anglaises avait écrit en cette seule page où il cite Marx que «les moyens nécessaires à la vie sont aussi les moyens nécessaires à la vertu»[3]. Cette thèse fondait son eudémonisme[4]. Cohen ne contredit pas Feuerbach : «Là où la force vitale est entravée, alors la volonté ne peut croître» (EW, 295). L'eudémonisme, précise-t-il, est «l'opposé de l'égoïsme». Aussi comme tel l'eudémonisme devrait-il être une partie propre du socialisme auquel tend la communauté dans l'Etat. Mais est-il utile d'insister sur cette pureté, qui

1. *Religion der Vernunft*. Le thème es introduit par l'énoncé de la seconde classe des jugements de la Logique, soit unité, multiplicité, totalité, cf. ch. 8.

2. Alexis Philonenko, *La jeunesse de Feuerbach, 1828-1841, Introduction à ses positions fondamentales*. Tout est chez Feuerbach déduit de la pitié comme fonction sur-essentielle. Dieu n'est pas substance, mais fonction, être-pour et être avec. Cohen n'a pas pu bien connaître Feuerbach.

3. Feuerbach, SW (Bolin-Jodl) Bd X, 267.

4. Cohen et Feuerbach utilisent l'un et l'autre l'eudémonisme ; mais Cohen fait de l'eudémonisme un réquisit de la morale, tandis que Feuerbach en fait l'éthique même.

n'est que le raisonnable sans lequel le rationnel de la vertu s'évanouirait, comme l'a si bien exposé Kant[1].

La logique, comme critique de la connaissance, la pureté, est la vérité. Comme telle elle obéit à l'oracle de Delphes : "Connais-toi toi-même" et cherche la vérité qui fonde la conscience de soi. La vérité est même bien plus : elle est comme loi fondamentale la condition de la conscience de soi. (EW, 499 et suiv.). Mais sans la pureté de l'éthique, qui est le souci de véracité, la vérité n'est rien. Qu'est-ce que la véracité comme pureté ? C'est obéir premièrement et par principe à l'idée qui commande de chercher dans le savoir le salut (EW, 501), de telle sorte que ce dernier est à la fois fondement et objet de la *sincérité*. On peut donc dire : pas d'éthique sans logique puisque l'éthique présuppose comme condition le savoir – pas de logique sans éthique puisque la vérité ne devient véridique que dans le savoir. Il s'ensuit que l'*enseignement* résulte de l'entre-croisement de la logique et de l'éthique et que Schiller, prétendant substituer l'esthétique à la logique fut en ceci l'auteur d'une grande faute (EW, 504).

Mais ces aspects de la pureté sont en partie empiriques, même s'ils se laissent déduire comme le voulait Fichte[2]. Il faut s'élever à la réflexion transcendantale. Nous avions vu qu'un des sens de la pureté dans la *Logique* se déterminait par l'autonomie de la pensée saisie comme pure origine. « Nous commençons avec la pensée » disait Cohen et il n'y avait pas comme chez Kant une esthétique transcendantale, donc une mathématique subsistant en dehors de l'Analytique des principes. L'idée demeure la même : le droit et les sciences de l'esprit qui constituent le *factum* de l'Ethique n'ont pas une existence extérieure comparable qui les rendrait hétérogènes à la théorie pure du vouloir. Et à partir de là Cohen trace une convergence entre la Logique et

1. Kant, *Doctrine de la vertu*, voir mon introduction ainsi que l'analyse préfaçant les *Réflexions sur l'éducation*.

2. Alexis Philonenko, *L'œuvre de Fichte*.

l'Ethique. Son souci est bien entendu non pas d'établir une identité, mais une analogie, et cette analogie qui rapproche la physique mathématique comme objet de la logique transcendantale et les sciences de l'esprit comme objet de l'Ethique du vouloir pur est le rapport continu à l'expérience. C'est ainsi que le droit suit l'évolution des mœurs et les détermine à partir de son motif éthique fondamental. (EW, 66). La faute capitale consiste à méconnaître la valeur scientifique du droit dans ses différentes formes et à rattacher le vouloir pur soit à une psychologie du sens moral, soit à une esthétique comme le voulait Schiller (EW, 67). Par là est perdue la pureté de l'Ethique. Par là se révèle incomplet le système de Kant.

Toutefois c'est dans la détermination de son objet que l'Ethique du vouloir pur atteint sa vérité et sa légalité[1]. C'est comme *nomos*, pour choisir le terme grec le plus approprié, que l'Ethique du vouloir pur se dirige vers l'*action*. Cohen s'écarte ici sensiblement de Kant – « Le vouloir est plus que la simple intention » (EW, 72). Certes Cohen n'ignore pas que pour Kant l'accent doit finir par être mis sur l'action si l'intention ne doit pas devenir velléité. Toutefois il accorde, comme Hegel[2], un poids plus grand à l'action effective, par où, se déployant au-delà de l'intention toute intérieure, elle révèle l'homme. « La volonté doit devenir action », « l'action est la vie de l'homme moral » (EW, 72). Toutefois pour manifester la pureté de l'Ethique du vouloir pur l'action doit manifester des déterminations fondamentales. La première consiste en ce qu'elle possède une unité légale, nous pourrions dire *un sens cohérent*. La seconde détermination consisterait dans l'unité du sujet du droit (EW, 74) qui est la personne juridique, simple abstraction par rapport à l'être, Cohen y insiste (EW, 244), définie par

1. Cohen aura par la suite les pires difficultés avec ce mot, obligé d'en soutenir le sens transcendantal et de maintenir sa spécificité juridique.

2. Hegel, *Phaenomenologie des Geistes*, par ex., 321.

un entre-croisement de fonctions juridiques qui trouveront leur finalité concrète dans l'Etat.

Mais pour l'*Ethique du vouloir pur* la pureté devient ici un difficile problème. Dans la logique de la *Logique de la connaissance pure* la pureté manifestait la production continue de l'objet à partir du néant et l'intervention du calcul infinitésimal garant de l'idéalisme. Quel est ici l'équivalent? «Pour l'éthique il ne peut ni ne doit y avoir un vouloir qui ne s'accomplisse en une action» (EW, 103). Du vouloir à l'action il y a donc une *unité* nécessaire. Cette unité doit être conçue non pas comme origine psychologique, mais comme appartenance réciproque du vouloir et de l'action. Maintenant les qualités de l'action sont incontestablement le mouvement et la pensée saisis comme conscience (EW, 106) et les types du vouloir doivent s'unifier dans l'homogénéité qui les détermine comme sens cohérent qui autorise l'anticipation (EW, 106). On objectera sans doute que cette détermination ne nous éclaire en rien sur la *bonté* du vouloir. A cette objection Cohen répond en soulignant que l'homme n'est ni mauvais, ni bon, mais que c'est seulement dans son ascension vers la connaissance de soi où le moi est constitué que sa valeur se précise.

§. 4 - Mais ainsi c'est au concept central de la réalisation qui seule fonde l'autonomie comme auto-télie que nous sommes en fait renvoyés.

Dans cette perspective Cohen s'est manifestement rapproché de Hegel et écarté de Kant. L'expression n'est pas de Cohen, mais suggérée par sa lecture : dans la compréhension transcendantale de l'éthique, Kant n'a pas dépassé le niveau d'une morale de la solitude. C'est dans la totalité sociale que Cohen veut trouver la réalité concrète de l'éthique. Examinant les structures sociales, il écarte par exemple la *gens* romaine ou encore la famille, dans la mesure où ces unités, même légales, sont encore trop proches de la loi naturelle. (EW, 240). Le concept de communauté lui-même est rejeté en raison de ses cadres conceptuels sociologiques et naturels[1]. On ne doit pas non plus chercher une structure dont l'unique valeur serait l'indéfinie multiplication des particularités. Aussi seul le concept de l'Etat peut-il convenir à la réalisation.

Cohen souligne lui-même les difficultés de ce concept (EW, 241), mais il insiste d'emblée sur la valeur de l'Etat seul capable d'assurer la fidélité des contrats : *Pacta servanda sunt*. Et par l'idée de contrat il s'achemine vers le concept de l'Etat en dénonçant le contre-sens de Rousseau voulant fonder l'Etat sur le contrat, alors que seul l'Etat garantit les contrats. En réalité Rousseau ouvre la porte à l'anarchisme, car il faudra une volonté singulière, celle du législateur, pour garantir le contrat, et rien ne dit que le législateur ne trahira pas le contrat ou qu'un autre législateur ne se manifestera pas (EW, 242-243). En réalité dans l'Etat s'opère une auto-fondation, tandis que la personne juridique parvient sous sa tutelle à son être vrai : «Tout être capable de vouloir pur en tant que sujet éthique et juridique doit être appelé à la réalisation de la conscience de soi dans l'Etat» (EW, 245) ; et dans une double relation juridique réciproque – de l'Etat au sujet et du sujet à l'Etat – s'établit d'une part l'Etat comme conscience de soi et d'autre part la personne juridique comme conscience de soi. Il est alors facile en nouant précisément ces relations d'obtenir la formule synthétique : «L'Etat, comme conscience de soi, est l'unité du sujet et de l'objet dans le vouloir» (*Ibid.*). Ici *sujet* peut signifier la personne juridique, et l'objet l'*alter ego :* leur *unité* – répondant à celle de l'action précédemment déduite – est l'Etat comme conscience de soi. Mais dans cette conscience de soi, tandis qu'il progresse vers son soi, le sujet juridique devient intelligence et réalité éthique. Nous avions vu comment dans la seconde ligne opératoire Cohen faisait

1. Il est à remarquer que Cohen croit que la famille se place nécessairement à " un point de vue capitaliste " (EW, 241), se donnant donc comme un facteur d'exclusion alors que l'Etat est compatible avec le socialisme.

fonctionner l'idée du prochain posée comme origine de la conscience de soi du Moi et comme terme ultime de l'orientation éthique. A présent il fait fonctionner le résultat de la première ligne, c'est-à-dire le dépassement de l'antinomie entre l'Etat et l'individu. S'appuyant l'une sur l'autre dans le devenir de la personne juridique, ces lignes définissent le sens absolu de l'Etat en déterminant le vouloir pur comme Esprit (*Geist*) (EW, 246). Le *Geist* est un terme allemand qui échappe à toute traduction. Cohen écrit que dans ce progrès – où la fiction de la personne juridique devient l'hypothèse du sujet dans son expression suprême en tant qu'Esprit (EW, 247) – « L'Etat devient le monde des esprits ». Pour lui le *Geist* possède son contenu scientifique et moral. Il va même plus loin : « C'est seulement sur le fondement de la culture théorique que s'élève la spécificité éthique et la force du *Geist* » (EW, 246). Et si Cohen introduit l'idée de culture dans la notion d'Etat, il n'évitera pas de graves apories.

Il compte d'abord réaffirmer sa seconde ligne de réflexion. Dans la rigueur théorique le contrat – la totalité des contrats formant l'Etat, puisque toute relation peut se ramener à un contrat – ne médiatise que l'autre et le moi (*Andere-Ich*). Mais dans l'action juridique *effective*, il médiatise l'autre et le Toi. Mais faisant appel à la fidélité, l'autre réciproquement devient "Moi et Toi" (EW, 248), tandis que la communauté (*Gemeinschaft*) est dépassée dans l'association (*Genossenschaft*). Cohen reproche à la communauté non pas de signifier la totalité éthique, mais de l'indiquer sans sûreté scientifique. Au contraire l'association, qui accueille la réciprocité active synthétique, peut servir de concept méthodique pour la personne juridique et la conscience de soi en son progrès. (EW, 247, 249). Il reste que l'unité synthétique du Toi et du Moi, renforcée par l'association – l'inverse serait inconcevable – rétablit en sa vérité propre la communauté : « Le peuple forme une authentique communauté » (EW, 250). Conscient des nombreuses équivoques impliquées dans la notion de peuple, qui semblent autoriser à soutenir» que «l'homme ne doit pas être compris comme homme comme membre de l'Etat... mais comme membre d'un peuple», si bien que la communauté fonderait l'association, Cohen va coordonner les concepts. En réalité trois notions doivent être liées : le concept de peuple, proche de l'idée nationale, qui fonde le concept fichtéen de l'éducation, le socialisme, c'est-à-dire l'idée que l'individu ne peut s'atteindre que dans l'Etat, enfin le patriotisme (EW, 255). C'est par l'Etat, méthodiquement fondé, et reconnu tel par l'*Ethique du vouloir pur* que ces notions sont unifiées. Cohen écrit avec fermeté : «Seul l'Etat expose la conscience de soi de l'homme» (EW, 256). En ceci il se rapproche consciemment de Hegel (EW, 254) et s'éloigne de Kant.

Il est possible que ce soit précisément en ce point que culmina la vraie rupture entre Cohen et Cassirer. Certes dans *The Myth of the State,* Cohen n'est pas cité et l'unité amicale qui s'était constituée à Marbourg pendant la première Guerre mondiale[1] n'avait pas autorisé une dissociation entre humanisme et germanophilie. L'important livre de Cassirer, *Freiheit und Form,* était considéré par Cohen comme une contribution précieuse dans l'illustration de la culture allemande[2]. Cependant on peut penser que Cassirer critiqua Cohen avec une grande finesse à travers Hegel dont la philosophie s'inversa dans ses résultats en principe totalitaire. «A ce point de vue, écrit Cassirer, l'hégélianisme est un des phénomènes les plus paradoxaux dans la vie culturelle moderne. Il n'existe peut-être pas d'exemple meilleur ni plus frappant du caractère dialectique de l'histoire que le destin de l'hégélianisme lui-même. Le principe que défendait Hegel fut soudainement converti en son opposé. La logique et la philosophie de Hegel semblaient

1. Voir dans Holzhey (Bd 2) les lettres échangées pendant les années de guerre.

2. De là provient l'idée assez fausse que ce livre de 1916 n'est qu'un écrit de circonstances.

être le triomphe du rationnel... en sorte que l'histoire du monde nous présente un processus rationnel. Mais ce fut le tragique destin de Hegel qu'il noua aussi les puissances les plus irrationnelles qui aient jamais apparu dans la vie sociale et politique de l'homme. Il n'est point d'autre système philosophique qui ait tant fait pour la préparation du fascisme et de l'impérialisme »[1] – Quelle était donc la force de Cohen interdisant semblable critique ? On peut citer son rejet énergique de l'anarchisme qui dénonçant toute puissance politique n'en établit pas moins la puissance d'un seul. L'anarchisme, selon Cohen, comprend sa détermination et son autre. Il s'élève d'abord contre la souveraineté. Mais comme le montre le mot grec, il se contredit en se limitant à la souveraineté, mais rejetant l'idée qui fait d'elle un principe (EW, 244), de telle sorte que du désordre on peut glisser à la dictature, sans trouver l'équilibre de l'Etat. Mais on doit aussi faire intervenir la disqualification totale de tout romantisme politique et patriotique (EW, 253). Contre le naturalisme, le spiritualisme, le romantisme qui les unit, et enfin le matérialisme qui détruit le socialisme, Cohen n'a qu'une formule : de la raison, encore de la raison, toujours de la raison. *The Myth of the State* est un monument de piété à la mémoire de Cohen.

§. 5 - Si l'Etat en son concept « est le concept éthique de la culture » (EW, 255) et si en lui s'expose la conscience de soi de l'homme, d'une part ce qui vaudra pour l'individu – par exemple : la vertu – vaudra pour l'Etat et réciproquement, et d'autre part la notion déterminant la personne juridique comme fiction deviendra au sens platonicien *hypothèse,* c'est-à-dire mouvement principiel et méthodique de l'Idée définie comme méthode[2]. Cohen exprime ainsi cette

1. E. Cassirer, *The Myth of the State,* 343.

2. La notion d'*hypothèse* chez Cohen n'est ni psychologique, ni ontologique. C'est une interprétation de l'Idée platonicienne qui n'est posée ni comme être absolu ni comme disposition heureuse de l'âme en l'interrogation. Se rattachant, comme le croit avec raison Dussort, au *Phédon* (99 E-100 B), Cohen pose que l'Idée est l'hypothèse ou encore

réciprocité : « L'Etat ne constitue pas seulement le modèle pour la conscience de soi de la personne morale, mais il est aussi le concept conducteur et le concept final de la conscience éthique de soi » (EW, 260). Le problème se concentre sur le *soi* de la conscience. Du côté de l'Etat le *soi* qui doit être réalisé, qui est le Devoir-Etre de la totalité, ce sont les lois (EW, 261). Les loi sont les problèmes de l'Etat qui en les déterminant se réalise. Aussi, sans négliger la *constitution* – la science de l'Etat est d'abord la science constitutionnelle – faut-il songer aux lois singulières en lesquelles se précise la personne, car sans loi il n'y aurait pas de volonté, pas de conscience de soi de l'Etat (EW, 262). D'un autre côté Cohen a-t-il été tenté par la notion de *caractère,* chère au kantisme, qui signifierait du côté de l'individu l'unité de l'Etat? (EW, 265) La chose est concevable, mais Cohen indique lui-même le moment qui retire sa pertinence à ce concept méthodiquement complexe : la corrélation Toi-Moi, où le Toi est l'origine du Moi, refoule le concept de caractère dans la psychologie.

A ce point les concepts de Cohen méritent d'être repris, d'autant plus que la théorie kantienne de la *Legalität* opposée à la *Gesetzmässigkeit,* théorie visant à séparer la morale du droit en faisant intervenir à travers le concept de *légalité,* limité au droit,la notion de contrainte (*Zwang*) (EW, 267), peut entraîner une dislocation des concepts et une limitation sévère de l'éthique (EW, 267). Le point premier est que le *Sollen,* opposé à l'Etre, n'est pas pour autant du Non-Etre – au contraire il se détermine en lui une dimension d'Etre spécifique qui est la loi de la volonté : « Le vouloir pur est la

la *méthode* d'observation et de fondation ; elle est donc la présupposition nécessaire de la connaissance de l'être de l'existant. Dans la seconde édition de son *Platon,* Natorp a précisé le sens de l'hypothèse (p. 469) en insistant sur l'aspect partiel de l'hypothèse (Idée) par rapport à la lumière originelle (*Urlicht*) englobant la totalité. L'hypothèse est donc selon l'Idée une prise de vue méthodique sur l'existant. Natorp (p. 470) appuyé sur la "participation" souligne la continuité immanente à l'hypothèse.

loi de la volonté, donc du *Sollen*» (EW, 283). *Sollen* et vouloir coïncident dans la notion de *loi* éthique. Ce que l'*Ethique du vouloir pur* désigne d'abord, c'est la loi comme possibilité de la conscience de soi. Mais la loi ne doit pas être dans sa facticité : ce qui doit être retenu – en dehors de sa matière, laquelle est la spécification des lois depuis la constitution – c'est sa *forme* (EW, 269) dans sa pureté productive de la conscience de soi dans la corrélation Toi-Moi dont dérivent les significations ultimes de l'Etat et de l'individu. C'est maintenant cette totalité que romprait l'idée de contrainte qui, conceptuellement, s'appliquant toujours à l'autre, ou bien mutilerait l'éthique en lui opposant *dialectiquement* le droit ou bien, s'érigeant en principe suprême, ne fonderait qu'une nécessité de faire, contraire à, l'idée éthique de liberté (EW, 600). Cohen, voulant se préserver de telles conclusions, abandonne l'idée de contrainte au profit de la notion de *norme* – les «normes étant en soi et pour soi des lois» (EW, 270) pour autant que du point de vue de la modalité «elles expriment l'universalité sans exception,» (EW, 274). Quand au juge, n'étant pas législateur, ne pouvant *stricto sensu* dire le droit, il doit les composer entre elles dans l'espace juridique. Ainsi tous les concepts sont repris. Pour ce qui est de la contrainte, Cohen se distingue de Fichte et ne se perdant pas en considérations sur la force publique, la considère, non comme un principe, mais comme un complément sans autre portée que de rendre en soi la justice possible. Enfin toutes ces idées se rassemblent dans l'autonomie posée, 1° comme législation du soi (par opposition à l'hétéronomie), 2° comme auto-détermination (par où le premier moment perd l'apparence d'être purement forme et sans contenu) (EW, 347), 3° comme responsabilité personnelle (que Cohen distingue du destin qu'il assimile au chaos éthique) (EW, 47) et enfin 4° comme conservation de soi (par laquelle Cohen entend ne laisser aucune place au suicide (EW, 380), négation de la liberté).

§. 6 - Mais cette totalité doctrinale éthique – dont nous n'avons retenu que les lignes directrices – doit se réfléchir en soi pour parvenir à son unité systématique. Deux Idées se proposent pour une telle tâche : d'une part la liberté, d'autre part l'Idéal – et elles ne sont pas étrangères l'une à l'autre dans la mesure où, concrètement par exemple, la relation de la liberté et de l'Eglise conduit dans un affrontement à la question de savoir quel est le moment dominateur, thème qui se retrouve facilement dans la réflexion sur l'Idéal. Puisque l'Idéal est présupposé par la liberté qui y trouve son sens ultime, nous aborderons le problème en partant de l'Idéal.

Cohen distingue deux déterminations stratégiques. La première comprend les concepts *constitutifs* et principalement l'action dont résulte par la médiation de la conscience de soi l'unité de l'individu et de l'Etat. Cette détermination stratégique s'élève jusqu'à la liberté. Mais elle ne peut l'établir, et c'est alors qu'intervient la seconde détermination stratégique définissant la liberté puis la fondant comme autonomie considérée en sa totalité comme auto-télie ou législation finale du soi. Mais ce moment doit trouver sa constitution concrète et l'horizon de son *application*. Ceci n'est possible que dans l'institution transcendantale et *régulatrice* de l'Idéal.

La question ne peut se poser qu'à partir de l'homme. Or un doute profond peut se faire jour si l'on considère le scepticisme ou la religion : « Est-ce que le royaume de l'homme est celui de ce monde ? » (EW, 390). On pourrait tenter de répondre en faisant appel à la Logique comme connaissance critique pour définir les figures de l'Ethique. Or il ne faut pas tenter ; il faut se mettre à l'œuvre – l'Ethique ne peut être obscure à l'Idéalisme véritable, qui doit s'approprier le sens de la réalité, de telle sorte que dans la possibilité de l'applicabilité de la liberté émerge « le sens le plus profond de la pureté » (EW, 391)[1]. Le problème a été,

1. Dans le Colloque Cassirer (CNRS, université de Paris X) j'ai montré que la question de l'applicabilité avait été pour la première fois

selon Cohen, en quelque sorte brouillé par Kant et Hegel. Revenant sur le caractère intelligible – sans oublier sa critique méthodique – il insiste sur le faux réalisme, non de Kant, mais de ses disciples, mais dont tout de même Kant est responsable, car il n'a pas montré que le sens du premier commencement de l'action n'était pas une *cause* intelligible : «Le caractère intelligible, écrit Cohen, ne signifie en aucune manière une cause intelligible ; il signifie au contraire uniquement et seulement une fin intelligible, la fin ultime, qui constitue l'être éthique. Dans quel être se réalise cette fin ultime? Dans le Devoir-Etre. Et quel être signifie ce Devoir-Etre en dehors de l'Etre de la tâche?» (EW, 392). Certes Kant a conféré sa dimension propre à ce concept de fin en séparant du schématisme transcendantal la typique de la Raison pratique. Mais il aurait dû insister avec la dernière énergie, tandis qu'il instituait le type du monde éthique comme règne des fins, sur le fait que «la fin constitue l'analogon de la catégorie» L'eût-il fait, il aurait interdit à Hegel la fausse substantialisation de l'Etat, conçu comme réalité effective de la raison éthique, et comme substance de l'Ethique. Car supposé que la réalité adéquate de l'idée éthique dans le droit ou dans l'Etat ne puisse être affirmée, ne faut-il pas, avec Hegel, recourir à la religion et rendre l'éthique dépendante de celle-ci? Comment l'histoire ne serait-elle pas ici tentatrice? Si Kant parvient au *concept de fin,* on peut difficilement s'interdire de penser que son idée de règne des fins n'est qu'un reflet du *regnum gratiae* de Leibniz (EW, 395).

Ce faisant nous entrons dans la relation complexe de la religion et de l'éthique. Que Dieu soit pensé comme origine de l'éthique n'est pas le danger principal – mais le danger extrême pourrait résulter de l'illusion suivant laquelle l'éthique n'est pas pour ce monde qui n'est que folie, qu'elle serait tout au plus préparation, si bien que la liberté effective

clairement exposée par Cassirer dans son analyse du schématisme transcendantal.

s'effondrerait. Bien plus : puisque, en soi, l'Ethique ne serait pas de ce monde, il ne resterait que la religion pour le ciel et que la politique pour la terre.[1] L'originalité de Cohen consiste à déplacer entièrement la question en interrogeant la logique transcendantale sur les conditions de la liberté, car on ne saurait concevoir, selon la vérité et la véracité, une disjonction transcendante de la Logique et de l'Ethique. Que toutes les précautions soient prises – et ainsi qu'on ne confonde pas conservation de l'énergie et conservation de soi (EW, 396), mais qu'on ne néglige les valeurs communes en aucun cas : ni la Logique, ni l'Ethique n'ont pour fondement la *sensation.* L'angle de visée ainsi déterminé, on verra que le concept modal de la grandeur peut servir : « C'est le concept de l'espace, qui surgit à l'intérieur du jugement de la totalité et auquel s'applique la méthode de grandeur » (EW, 396). La question est donc : quel est le rapport de la volonté à l'espace ? Il ne s'agit pas de déterminer théoriquement la relation en sorte que la détermination spatiale serait privée de sens éthique. Mais bien que l'espace ne puisse être ici un concept *constitutif* il faut l'introduire dans le vouloir selon sa spécificité. Or, de tout temps, l'Ethique a été assignée à un *territoire,* à un sol et certaines déterminations vont très loin voyant dans l'espace un concept constitutif du vouloir, comme si ce dernier se projetait dans l'espace, et même comme si le vouloir se ramenait à une projection de l'espace. Quand bien même on respecterait ces vues du sens commun, éclairées par le concept modal de la grandeur, on ne saurait les retenir car l'espace selon la modalité n'est pas spécifié, mais posé comme universalité.

Mais si l'espace se révèle transcendantalement décevant (mais non pas totalement empiriquement[2]), il ne saurait en être de même du *temps*. Puisque l'espace ne constitue que le

1. Quand le Christ dit : « Mon royaume n'est pas de ce monde », il ne veut pas dire « Disciples ne faites rien dans le monde ». Cohen l'a parfaitement compris en dépit de l'opposition qu'il affine.

2. Sinon le concept de *Vaterland* serait irrécupérable.

monde *extérieur*, la *subjectivité* éthique peut se déployer dans l'*intériorité* temporelle. Au point de vue *théorique* Fichte constituait le temps par la réciprocité du passé et du présent ; l'avenir formait la *temporalité pratique*[1]. C'est précisément le point de vue auquel se place Cohen : «L'avenir constitue la qualité spécifique du vouloir» (EW, 399). On pourrait même dire que le passé est déterminé par l'avenir dans la mesure où ce dernier l'anticipe comme un passé qui vient s'opposer à l'avenir ou le préparer. Mais l'espace est par là récupéré : son infinité, qui signifie la totalité, est déterminée par un analogon de l'infinité dans le temps, qui est le "concept d'éternité"[2]. Et l'éternité qui ouvre le monde est l'horizon transcendantal de l'Idéal que tend à réaliser la liberté. L'opposition du mythe et de la religion révèle ce sens caché. En gros le mythe, même avec des modèles éthiques, dit ce que sont les Dieux. Dans le prophétisme la détermination s'inverse, le Dieu devient un Dieu secret qui ne doit pas enseigner ce qu'il est, mais ce que l'homme est et doit être. Révélant l'éthique, Dieu est une essentialité morale qui se sépare de la nature (EW, 403). Plus encore : le mythe ne possède pas la dimension du futur, tandis qu'en lui précisément se projette le prophète. Le futur, est donc ce qui sépare la *religion* et le *mythe* (EW, 405). Cohen suivant ses propres origines fixe le futur de la prophétie d'une part comme libération de la guerre entre les peuples et *liberté* dans l'unique peuple authentique, lié dans une même langue et une même politique enracinées dans le représentant suprême de l'Etat : le Messie – et d'autre part insiste sur l'*universalisme* du Dieu des prophètes. Mais ces vues seraient incomplètes si l'on ne précisait pas qu'ici le

1. Alexis Philonenko, *La liberté humaine dans la philosophie de Fichte ; L'œuvre de Kant*, T. II.

2. L'analogon de l'infinité dans le temps peut se schématiser sur l'infinité de l'espace, non sur sa compréhension modale comme totalité. (EW, 400). Séparant dans l'espace totalité et infinité Cohen ne laisse pas d'être gêné par le concept kantien de l'espace comme "grandeur infinie donnée."

futur, comme principe conducteur de la politique, loin de conduire à "la fin de toutes les choses", selon l'expression de Kant, serait à penser comme *la fin du jour,* qui est le *jour du Seigneur* ou du Messie, signifiant le début d'un nouveau temps, d'un nouveau monde, d'une nouvelle humanité sur la terre ou bien encore la réalisation concrète de l'Idéal, car que demander d'autre ? (EW, 406).

L'éternité ! C'est là ce que qu'il convient de requérir. « L'éternité est un concept éthique ; comme telle elle se rapporte au vouloir pur et à la conscience de soi éthique » (EW, 409). Selon l'Idée transcendantale l'éternité ne se rapporte pas non plus à un moment du temps, ni à tous les moments du temps : elle n'est pas une durée sans fin. Veut-on saisir le sens de l'éternité pour la vie du vouloir et son effectivité, c'est seulement en concevant qu'elle anéantit tout moment de repos (*Stillstand*) qu'on la pénétrera. D'une part l'éternité ne signifie ni un temps éternel (EW, 410), ni un lieu éternel, mais la densité totale du présent saisi comme *travail éternel.* La vraie volonté est toujours tout entière dans un instant infini au travail pour sa liberté, loi de la conscience de soi, qui commande l'infinité. Mais aussi bien, puisque le futur traverse la conscience, l'éternité se dédouble : si elle est la totalisation infinie dans le moment du travail, elle soutient aussi le *Jour du Messie* et ce Jour infiniment lointain est l'éternité pour chaque point fini, si bien que depuis le futur l'éternité revient sur soi dans le présent du travail pour le conforter dans sa *réalité* et l'orienter vers son avenir. A ce point de vue l'éternité devient une tâche, une *Aufgabe :* celle de l'éthique même. Le Ciel et la Terre peuvent s'écrouler, l'éthique demeurera (EW, 411). Ce n'est pas l'éternité qui fonde l'éthique, c'est l'Ethique qui doit fonder l'éternité, même si, du point de vue spéculatif, de la pure pensée, il y a là un inconcevable principe. « L'éternité est dans la pensée » (EW, 411), mais dans la pureté du vouloir.

C'est pourquoi Cohen écarte la question de l'immortalité de l'âme. Se séparant ici de Platon et de Kant, il y voit la source de conflits inutiles entre la religion et l'Ethique. Mais refusant de se prononcer il détermine le sens philosophique de son refus : « Je ne peux pas le savoir, parce que je ne dois pas le savoir » (EW, 415)[1].. Ce que je dois savoir c'est que l'éternité signifie exclusivement l'éternité du progrès du vouloir pur dans ses déterminations et qu'elle ne s'abîme pas dans une *répétition,* qui rendrait chaque instant identique à l'autre, substituant au *sens* du devoir le destin comme chaos moral.

Reste à élaborer la signification de l'*Idéal,* comme point synthétique des moments considérés. Le mot *idéal* souligne Cohen, semble avoir été inventé par le jésuite italien Fra Lana et peu à peu le terme s'est enraciné dans l'art. Or l'Idéal a retenu une forme importante de l'Idée platonicienne. L'Idéal n'est pas reflet. Comme l'Idée platonicienne il est création et non pas effet. Afin d'unifier tous les moments relevés, on posera que loin d'être un *ideatum* l'Idéal est la force intérieure éthique qui dynamise l'éternité en ses deux sens. Comme tel l'Idéal est la forme de l'Etre comme Devoir-Etre investi par la pureté productive du vouloir pur à laquelle doit être rattachée la réalité (EW, 422). La plus haute signification de l'Idéal unissant ces déterminations sera celle d'être une œuvre, comme *acte*(œuvrer) et *produit* (réalité). « L'œuvre est le produit de l'Idéal » (EW, 423), produit qui se nie en témoignant de l'Idéal, « car l'Idéal éthique n'a aucune réalité effective adéquate » (EW, 424). D'une manière un peu compliquée Cohen explique le privilège de l'Idéal. Il est moins à chercher dans son infinité que dans sa finitude – toutes les relations éthiques et avant tout la loi et la pureté sont immuables. Mais dans l'Idéal, dans l'inadéquation qui surgit dans l'immanence, la chute est inconcevable et c'est seulement par l'énergie du vouloir que l'Idéal est à nouveau visé : « Tout de même que sans pensée il n'est point d'être, de même sans vouloir il n'est pas d'Idéal »

1. Cohen emploie ici le verbe *müssen* qui signifie bien *devoir,* mais avec une signification de second rang.

(EW, 424) «La pureté se démontre dans l'indépendance, seul le vouloir produit l'Idéal» – ainsi toute la dynamique du vouloir, comme travail et éternité, bascule-t-elle vers sa fin inaccessible : l'Idéal. «Le vouloir est l'être de l'Idéal». «La volonté et l'éternité sont les analoga de la pensée et de la nature» et «l'être n'est pas moins l'être de l'Idéal que de la nature», et l'être de l'Idéal dépasse celui de la nature parce qu'il se prolonge en histoire qui, enveloppant l'humanité, déborde infiniment le règne des choses. Et enfin Cohen peut retrouver Kant. Il énumère à nouveau tous les défauts de l'intention à laquelle il préférait l'action et en particulier celui de valoir comme simple motif de la pensée, mais, en raison des défaillances toujours à surmonter, l'intention vient enfin à sa place légitime. «L'intention est intention de l'éternité» (EW, 427), c'est-à-dire du travail – dans ce travail «elle est l'intention de l'Idéal», moment régulateur qui gouverne tout – enthousiasme pour l'Idéal, elle l'est aussi pour la conscience de soi, pour le futur, pour l'éternité du monde éthique et dans l'unité du vouloir et de l'être, dissipant toute subjectivité, elle est «l'être du vouloir pur».

On pouvait croire que Cohen, s'abandonnant à un certain réalisme, laissait de côté l'intention, le principe kantien, au profit de l'action, problème fondamental de l'Ethique écrit-il. Kant on le sait posait l'action comme pure conséquence de l'intention, incapable d'en déterminer la valeur comme le montre sa doctrine du mal radical au niveau de l'impureté. Partant de l'action, inversant la démarche kantienne récupérant l'intention comme cœur du principe régulateur de l'Idéal, Cohen retrouve les concepts kantiens en inversant leur corrélation. A l'intention toujours douteuse chez Kant[1], il substitue l'intention comme règle d'objectivité unissant Etre et Volonté, fondant ainsi le second moment déterminant de son système de philosophie, en respectant, grâce à la

1. Voir ma traduction de Kant : *La Religion dans les limites de la simple raison* in Kant, Œuvres philosophiques (éd. F. Alquié) T. III.

projection infinie de l'Idéal, l'affirmation du primat de la raison pratique.

Le problème de l'Esthétique

L'Esthétique du sentiment pur (AG) fut sans doute le livre le plus discuté et dans tous les cas celui de H. Cohen qui fut reçu avec le plus de réserves. A travers Mendelssohn – qui avait déterminé systématiquement "le jeu de l'imagination"[1], attaché à la poésie lyrique une fonction médiatrice «entre la méditation et l'enthousiasme»[2] –, Lessing, et naturellement Leibniz, Cohen semblait encore trop lié à une perspective dogmatique influencée par le judaïsme. Le moment – 1912 et les troubles préparant la première Guerre mondiale – était-il le mieux choisi pour proposer une Esthétique systématique et rationnelle? On peut en douter. En outre on pouvait indiquer d'inquiétantes faiblesses. Par exemple H. Cohen n'a nullement maîtrisé "le problème de Dante" (AG, I, 317 et suiv.).

§. 1 - E. Cassirer avait délimité avec précision – compte-tenu du platonisme – le soubassement historique de l'Esthétique allemande dans son examen du système de Leibniz, philosophe dont se réclamaient non seulement Mendelssohn ou Lessing, mais aussi Kant, et ce faisant, après la publication de la *Fondation kantienne de l'Esthétique* (1889), il avait déterminé des lignes de forces précises. Sans doute dans son *Leibniz' System* (1902) Cassirer avait-il débuté son analyse en affirmant que le «système de Leibniz ne contient pas une théorie de l'art à part et autonome» (LS, 458). De même il ne croyait pas qu'à l'époque de Leibniz il fût possible de parler d'un *factum* de l'art et de la culture, «auquel la philosophie dût rattacher son orientation» «pour découvrir dans l'art l'expression d'une légalité (*Gesetzlichkeit*) de la *conscience*». Par là Cassirer définis-

1. Moses Mendelssohn, *Gesammelte Schriften,* III, 2, *Schriften zur Philosophie und Aesthetik, Morgenstuden,* 48. Cf. AG, I, 94-95.
2. *Ibid.,* 49.

sait le problème de l'Esthétique en déplaçant le problème de la légalité de la *science* à la *conscience*. D'autant plus se manifestait alors, si l'on ne voulait réduire l'Esthétique à l'Ethique, le problème fondamental de la *psychologie* et à cette époque, Cassirer n'avait pas encore développé l'idée d'une psychologie non psychologique qui achève son étude de 1910.[1]

Quel est donc, selon Leibniz, le moment spécifique qui ouvre la voie à une analyse du sujet, non plus logique, mais esthétique ? Selon Cassirer il s'agit du concept de "la représentation obscure" (LS, 459) ; il se réfère à un texte de Leibniz incontestable. Dans ses remarques sur l'*Essai* de Shaftesbury l'auteur de *La Monadologie* écrit : « Le goût distingué de l'entendement consiste dans les *perceptions confuses,* dont on ne saurait assez rendre raison. C'est quelque chose d'approchant de l'instinct. Le goût est formé par le naturel et par l'usage. Et pour l'avoir bon, il faut s'exercer à goûter les bonnes choses que la raison et l'expérience ont déjà autorisées »[2]. Ainsi d'une part le goût était séparé de l'entendement et d'autre part pourtant exercé selon la raison. Leibniz affirmait à la fois la spécificité esthétique et sa parenté dans la formation avec la raison, si bien qu'il pouvait s'inspirer des normes *classiques*. Dès lors Cassirer qui ne prétendait pas limiter les normes au classicisme développait la légalité de la conscience esthétique. Cohen écrivait : « C'est dans le sentir que le fait originaire (*Urthatsache*) de la conscience est mis au fondement » (LS, 462, l.12-14). Cassirer dit même que

1. L'expression : psychologie non psychologique – c'est-à-dire en fait une phénoménologie au sens de Husserl – est paradoxale. Mais en 1902 elle a son sens pour autant qu'elle manifeste un rejet d'une psychologie ramenant la conscience à des faits, par où elle se trouve privée de sa vie immanente dans l'intentionnalité. On peut évidemment proposer une autre expression. J'aurais bien écrit *psychologiste,* mais je ne crois pas que le français le supporte.

2. Leibniz, *Phil. Schrf.* III, 430 et suiv. Cf. Danzel, *Gottsched und seine Zeit,* Leipzig, 1848, 226.

Leibniz est le *créateur* de cette série de réflexions conduisant au concept du “plaisir pur” et c’en est au point que dans son commentaire il introduit le début de la *Critique de la faculté de juger* esthétique, soulignant l’expression *Lebensgefühl*, si importante pour Cohen (KBA, 166, AK. Bd V, 204, l.8). Cassirer insistait alors sur le concept d’expression, à la fois logique et esthétique, dont on sait la fonction centrale dans le système leibnizien. Il n’oubliait pas le principe de l’unité de l’aperception qui faisait cruellement défaut à la monade. Pourtant il entrevoyait dans l’expression esthétique la possibilité d’une production artistique signifiant l’unité du sujet, «chaque esprit étant comme une petite divinité dans son département.»[1]. Selon Cassirer, Leibniz avait su poser plusieurs problèmes. Le plus important était celui de la finalité – mais la réflexion devait aussi se pencher sur l’esthétique comme moment systématique de la philosophie en totalité et sur sa légalité propre déterminant la conscience. (LS, 470 et suiv.)

§. 2 - Ces problèmes sont les questions fondamentales que Cohen va aborder dans la première partie de son *Esthétique du sentiment pur* – la seconde partie étant réservée à l’étude systématique des différents arts et de leurs productions peut être mise entre parenthèses, et le doit même. En effet souvent on pourrait sur tel moment de détail – par exemple les thèses sur le peintre Millet (AG, II, 407 et suiv.) – par un mouvement d’humeur écarter la totalité du travail de Cohen et cela serait injuste. En réalité l’œuvre de Cohen se distingue surtout dans sa longue introduction où il accomplit l’élaboration d’une *Grundlegung* (fondation) de l’art qu’il distingue de toute *Grundlage* (fondement établi, assise) (AG., 73).

1. *Monadologie*, §. 83. On n’oubliera pas la formule pour Cassirer capitale : « Les composés symbolisent avec les simples ». Pour Cassirer seul Kant a vu comment la Nature pouvait symboliser le règne des fins (LS, 466).

L'effort premier, celui qui donne l'indispensable poussée sans laquelle rien ne se peut construire, consiste pour Cohen à reprendre le problème là où Leibniz l'avait laissé d'après l'exposé de Cassirer : il n'y a pas dans le système de Leibniz une théorie systématique et autonome de l'art. Mais ici il convient de distinguer : d'un côté il se trouve un système des arts, qui dans ses formes distinctes se perd dans la nuit des temps, tant il est vrai qu'il n'y a pas une Muse, mais des Muses, – d'un autre côté il n'y a pas de véritable théorie systématique de la conscience esthétique, qui non seulement renferme le principe de la possibilité d'un système des arts, mais encore doit compléter et achever la philosophie comme système. Kant lui-même n'a pu maîtriser cette dernière difficulté. Dans la *Critique de la faculté de juger* – et ici Cohen ne tient aucun compte des objections triomphales de V. Basch – Kant a substitué au problème principal de la nature et de l'art, celui de la finalité en général, alors qu'il fallait intégrer à la *Critique de la Raison pure* la téléologie proprement dite, et ce faisant il a en partie masqué la légalité spécifique de la conscience esthétique, sans laquelle non systématique l'esthétique ne peut s'intégrer à un système de la philosophie (AG, I, 8). De là selon Cohen le caractère à première vue artificiel de la troisième Critique. Loin de se relier à un système, elle semble plutôt le partager entre deux territoires hostiles. Jamais Kant n'a posé la question systématique : « Comment l'art est-il possible ? »

C'est pourquoi l'auteur de la philosophie transcendantale a laissé grandes ouvertes les portes du romantisme, ennemi, selon Cohen, de toute légalité. Les racines du romantisme sont profondes : elles vont bien plus loin que la pensée précritique, remontant au Moyen Age et s'enfonçant dans la *mystique* (AG, I, 9), permettant à un Schelling d'écrire que la philosophie tout entière doit s'immerger dans l'Océan de la poésie. Ce qui définit le romantisme, ce qui est le principe de sa restauration, c'est, comme on le voit chez un philosophe averti de l'art, Schopenhauer, l'hostilité envers la connaissance rationnelle. Non seulement Schopenhauer a été, en réalité, hostile à toute réforme de la logique, mais il s'est opposé au calcul différentiel et a repris la critique hégélienne de la démonstration euclidienne[1]. Ne subsistait dans le savoir que la métaphysique – mais demande Cohen : d'où cette métaphysique et pour quelle physique (AG, I, 13) ? A cette question Schopenhauer n'a pas de bonne réponse puisque pour lui seule est métaphysique la volonté, tout le reste étant compris dans la représentation[2]. Arbitrairement Schopenhauer fait de l'art une *métaphysique du beau,* la fondant moins par sa pensée que par son style.

Ainsi le romantisme de Schopenhauer dans son caractère extrême permet-il de poser clairement la question : « Ou bien l'Esthétique est membre d'un système de philosophie, ou bien le système est nié et avec lui la philosophie, même si elle se résolvait en Esthétique » (AG, I, 16). Pas de système sans esthétique, pas d'esthétique sans système – « la philosophie est seulement philosophie systématique » (*Ibid.*). Aussi bien la question fondamentale de la philosophie se formule ainsi en ce lieu : « Comment l'esthétique systématique est -elle possible ? »

Dans une démarche complexe où les négations côtoient sans cesse les affirmations, Cohen a commencé par écarter l'imagination dogmatiquement comprise et surtout l'intuition intellectuelle chère à Fichte, Schelling et Hegel en ceci malheureux héritiers de Kant (AG, I, 23). Puis il a montré sur trois exemples historiques concrets, l'unité de l'esthétique comme art et science. De Léonard de Vinci, qu'il nomme "le plus grand", il esquisse la personnalité comme tissu méthodique de l'art comme technique (*Kunst*) et art

1. Hegel, *Phaenomenologie des Geistes*, 37. Schopenhauer, SW (Hübscher) Bd II, 83, sur le calcul différentiel, 63 et suiv.

2Alexis Philonenko, Schopenhauer, *Une philosophie de la tragédie* et in *Etudes d'histoire de la philosophie moderne, Schopenhauer et la critique du kantisme.* Voir aussi, *Schopenhauer critique de Kant,* Rev. int. de ph. 1988.

(*Kunst*)[1]. Dans cette personnalité l'esthétique révèle implicitement son essence : c'est un *savoir* qui ne se confond pas avec la science. Il n'en faut pas déduire qu'il y a deux vérités, celle de l'art et celle de la philosophie, mais que l'art est une expression de la vérité[2] (AG, I, 32). Se penchant ensuite sur le grand musicien J.-S. Bach dont il admire le savoir musical unique – car J.-S. Bach ne sait pas seulement jouer de l'orgue : l'orgue depuis sa matière jusqu'au son qu'il peut rendre n'a pas de secret pour lui – et sur Gœthe, dont il déplore sans acharnement la fausse conception des mathématiques[3], Cohen affirme « que sans les concepts de la connaissance scientifique l'art n'aurait jamais vu le jour » (AG, I, 33). Mais pourtant l'art n'est qu'un savoir, non une science, qui toutefois par ces exemples montre que le *factum* de l'Esthétique est concevable. Mais ce *factum* est à la fois difficile et facile à saisir. Comme tous les savants, les artistes possèdent une histoire et sans son histoire propre on ne comprendrait pas Mozart (AG, I, 33). Ceci est facile à entendre. Mais bien que cela semble aller de soi, il est difficile de comprendre comment l'histoire de Mozart et de son art non seulement n'interdit pas un progrès dans l'art, mais encore révèle au plus profond de l'histoire le mystère de l'individualité (AG., I, 34).

§. 3 - La notion d'individu nous autorise à saisir le premier moment de la systématique inhérente à l'Esthétique

1. En langue allemande le mot *Kunst* signifie à la fois *art* et *technique*.

2. Selon Cohen on ne peut parler de la vérité comme d'un *Absolu* sans retomber dans les erreurs du romantisme (AG, I, 30) – mais la vérité est *une* et comprend des expressions (*Ausdruckformen der Wahrheit*).

3. Gœthe, *Hamburgerausgabe*, Bd XIV, 179 et suiv. Notons simplement que métaphysicien Schopenhauer tenta d'élaborer une optique non-newtonienne. Schopenhauer, SW, Bd I, *Ueber das Sehn und die Farben ; Commentatio exponens Colorum Physiologicam eandemque primariam*. M. Elie a traduit le premier texte et l'a commenté en l'accompagnant d'extraits de la correspondance de Gœthe et de Schopenhauer.

– mieux encore que l'idée de *perfection* qui lui est propre (AG, I, 37) et qui cependant l'oppose à l'Ethique déterminée par celle de l'auto-perfectionnement (AG, I, 37). C'est que, dans l'individu génial, les déterminations s'entre-croisent dans "la liberté esthétique" qui conduit à la légalité de l'art et de l'homme. On pense ici invinciblement à la formule kantienne de la "légalité du contingent". Mais le premier moment systématique de l'Esthétique ne doit pas conduire , comme le veut Hegel, à ériger l'Esthétique en "organe de la philosophie" (AG, I, 39). Cohen cite Hegel : « On peut bien espérer que l'art s'élèvera toujours plus haut et s'accomplira, mais sa forme a cessé d'être le besoin suprême de l'Esprit » (AG, I, 40). La pensée profonde de Cohen est que Hegel a rejoint dans sa Logique le mouvement du romantisme en faisant de la vérité un Absolu, non une unité, incapable de se satisfaire d'une forme. Hegel donne trop à l'Esthétique et c'est pourquoi il la perd, au lieu de la comprendre comme un moment éternel limité de la systématique éternelle de la philosophie.

Mais là n'est pas seulement le danger. Alors qu'on croit atteindre la légalité de l'art elle se dérobe. Ainsi comment écarter l'idée que le principe ultime et profond de l'art ne soit l'éthique : « Quels autres contenus l'art pourra-t-il conquérir s'il se détache de l'éthique ? » (AG, I, 43) et le génie n'est-il pas, comme principe du *factum* esthétique, une expression de la moralité ? Les problèmes passent les uns dans les autres. Partout la grande question du contenu limite la valeur systématique de l'Esthétique. On pourrait le montrer dans la théorie de l'inspiration esthétique, éthique et religieuse[1]. Il faut donc se détourner du contenu et chercher du côté du savoir. Or Cohen avance une thèse en ce sens qu'il croit décisive : l'histoire de l'art n'est possible que si elle se

1. On trouve dans l'étude de Feuerbach sur Pierre Bayle une très bonne théorie de l'inspiration. Cf. Alexis Philonenko, *La jeunesse de Feuerbach*, 1828-1841, *Introduction à ses positions fondamentales*. I, 1.4.

fonde sur l'affirmation absolue de l'Esthétique : il n'y a qu'un art, c'est-à-dire l'art (AG, I, 46). Ce que l'Esthétique comme discipline systématique, rendant raison du *factum* des arts, apporte avec soi c'est l'*hypothèse* d'unité et c'est par cette hypothèse qu'une histoire de l'art est méthodique et possible. Aussi esthétique et histoire de l'art sont inséparables, comme l'avait vu Winckelmann, véritable créateur de l'esthétique (AG, I, 51). Cohen a longuement traité la question de savoir si une "théorie de l'art" ne devait pas comme "logique de l'art" (AG, I, 64) se substituer à l'Esthétique de l'art. Sa réponse fut négative : d'une part il ne voulait pas abandonner l'histoire de l'art, d'autre part il croyait les présupposés logiques d'une théorie de l'art bien fragiles et il le montra en critiquant des commentateurs. Dès lors l'esthétique assurée en sa systématicité comme principe de l'unité de l'art, il convenait d'approfondir cette légalité.

§. 5 - Cette légalité, que confirment les conditions préalables de l'œuvre d'art, qui doit être aussi bien un objet de la nature qu'un moment accessible à la moralité (AG, I, 80), peut être éclairée *a parte rei*. Cohen s'y est employé. Mais par là il était impossible de parvenir à une fondation achevée : le renversement copernicien s'avérait fondamental. On comprend que la recherche se soit déplacée vers la conscience, saisie naturellement en son unité, mais aussi dans son orientation (*Verhalten*) spécifique et puisque la notion de fondation (*Grundlegung*)[1] « est le criterium de la raison », la question était ainsi posée : est-il possible d'appliquer la fondation « au concept d'un événement psychique » (AG, I, 88-89) ? Dans cette question l'idée de légalité, qui nous était apparue, comme unité, en tant que forme de l'histoire de l'art, devient à son tour l'*objet*, le *contenu* de l'analyse transcendantale. Puisque l'idée de légalité se transforme, celle de conscience doit aussi se modifier en définissant une pureté qui ne soit ni théorique, ni éthique.

1. On sait que Cohen distingue *Grundlegung* de *Grundlage* (opération faite).

Cohen s'est ici rapproché de Kant. L'idée de légalité, dans l'unité de la conscience, est précisément "le sentiment vital" (AG, I, 97) qui détermine une nouvelle orientation ou structure de conscience. La conscience dans son orientation intérieure est l'acte de demeurer, loin du monde réel, auprès de soi et de trouver en ce retrait sur le mouvement intérieur qui est sien le repos comme l'activité dans la satisfaction pure où l'on ne fait rien pour trouver un complément objectif ou éthique. La nouvelle forme de conscience, fondée sur le sentiment de plaisir et de peine, ne se rapportant au monde que par une visée imaginaire, reposant sur le sentiment de plaisir et de peine, est l'orientation interne concrète spécifique qui, définissant un horizon ni théorique, ni éthique, fonde ainsi l'idée de légalité esthétique comme contenu de l'unité de la conscience. L'unité, comme fondement de l'histoire de l'art, s'enracine en tant que systématique, dans la structure essentielle de l'unité de la conscience qu'on vient de décrire, comme l'esthétique transcendantale se fondait dans la logique transcendantale.

Mais une telle détermination ne saurait se suffire. Sans doute dans le dévoilement de la spécificité de la conscience esthétique, comme "sentiment vital", fondant la première idée de légalité, on pouvait dire que la fondation comme *Grundlegung* s'appliquait à elle-même et, s'il était permis d'user d'un concept fichtéen, que la fondation devient ici à elle-même son fondement[1]. Il convenait d'aller plus loin : jusqu'à la pureté qui seule peut valider toute légalité esthétique.

§. 6 - En ce qui touche le sentiment vital et les concepts corrélatifs de plaisir et de peine, comme de finalité – entendue comme unité pour soi de la conscience esthétique visant la pure forme sans fin – Cohen avoue ne pouvoir dépasser Kant (AG, I, 100 et suiv.). Il reprend donc sans grand

1. J. G. Fichte, *Ecrits de Philosophie Première* (Alexis Philonenko) T. 2, 74-75. C'est le concept d'auto-construction de l'intuition intellectuelle que Cohen ne peut reprendre en clair.

changement les développements de la *Fondation kantienne de l'Esthétique* en les liant aux précédents moments. Finalité, communicabilité sont intégrées à une démarche assez singulière où Cohen oppose des contenus historiques, psychologiques, phénoménologiques. Le thème le plus important est celui du mouvement. Cohen veut que la conscience esthétique soit en mouvement, qu'elle ne soit point passivité, et il concilie mouvement et sentiment (activité et passivité dirait Fichte) en se reportant au concept d'origine, qui exclut la *reproduction* – concept esthétique sans sens (AG, I, 131) – et se montre proche de l'auto-affection selon Fichte : c'est en se mouvant que le sentiment se produit. Cohen avance donc le concept d'action commune : « Le sentiment esthétique possède dans sa spécificité comme action commune les deux intentionnalités de conscience » du mouvement, pré-sensation, post-sensation.

A travers toute cette construction compliquée de la conscience esthétique, Cohen cherche une détermination concrète de la pureté qu'il n'a su présenter que de manière *formelle* en la précisant comme *criterium de la raison* (AG, I, 88). Selon nous il n'a atteint cette pureté comme totalité concrète que par la *via negationis* lorsqu'il est venu à considérer le prétendu sentiment pur de l'infini que revendique la religion (AG, I, 197). Or la religion ne saurait prétendre à une pureté spécifique et essentielle en laquelle le sentiment se produirait. C'est que la religion ne peut jamais se délier des structures immédiates de l'éthique. Le concept d'une religion immorale est un pur non-sens. Seul par conséquent, le sentiment esthétique pur peut procurer à l'esprit en la *produisant,* la représentation de l'infini. On retrouve la célèbre formule de Kant suivant laquelle l'émeuvent le ciel étoilé et la loi morale présente au fond du cœur. Mais de cette infinité seule est fondement la conscience esthétique comme sentiment vital. Cohen écrit : « L'infini peut être pensé, mais aussi voulu ; toutefois là où il est senti règne la conscience esthétique » (AG, I, 198). La pureté esthétique se dévoile comme le secret de la légalité de la représentation de l'infini.

Bien plus : la religion ne peut se fixer sur l'individu et surtout le moi religieux est un moi moral dont la vérité est la totalité comme conscience de soi : « dans le vouloir le Soi est seulement totalité » (AG, I, 198). La solution éthique est toujours la totalité morale, la réalisation du Soi dans la loi. Il en va autrement de la conscience esthétique : sentiment de l'infini la solution ne se trouve pas seulement dans la tâche, comme pour la conscience morale qui veut être adéquate à la loi. La question est au contraire le Soi lui-même. De l'infini le sujet esthétique doit revenir à soi, devenir pour soi cet individu en lequel règne la conscience esthétique comme sentiment de la vie révélée dans l'infini. Refluant sur soi de cette infinité dans la pureté par laquelle elle est saisie, l'art découvre son concept méthodique qui est le génie : l'art est l'art du génie. « Le Moi que nous cherchions, écrit Cohen, devient ici événement effectif. Ici s'accomplit la première production propre du Soi, non comme conscience de soi, mais comme sentiment du Soi » (AG, I, 199). « Die erste eigentliche Erzeugung des Selbst ». La pureté systématique se fonde dans la légalité de l'unité de la conscience, elle s'atteint dans le sentiment de l'infini refluant dans le sentiment vital du Soi déterminé comme génie, suivant la pureté de l'infini esthétique. Les conséquences sont importantes. – En premier lieu, si, de manière ultime l'art, accueil de la *beauté* et du *sens* – *sens* qui n'est pas nécessairement beau au sens vulgaire – se réalise dans l'horizon humain d'un individu, il s'ensuit « d'abord que l'homme est premièrement l'objet propre de l'art » (AG, I, 199). Cohen aime à donner en exemple l'art de la Renaissance qui derrière la figure humaine décrit un paysage infini. Le paysage est pour l'homme, non l'inverse. Et allant plus loin, chaque chose du monde – même de simples fleurs – n'a de vérité (AG, II, 86-87) que s'il y a un sens humain. (AG, I, 180). On peut affirmer de manière générale que cette "production" dont nous avons atteint le sens en sa pureté est en tant que telle toujours sublimation, (AG, I, 191), élevant la *vision* au *regard,* manifestant que la nature de l'homme consiste à être celle de la nature. Seul l'art peut opérer semblable transmutation. mais en second lieu l'art possède son objet seulement dans l'achèvement (*Vollendung*) du génie (AG, I, 200) : «Il s'ensuit que la production du sentiment n'a pas d'autre terme que la production de l'individu» (*Ibid.*). C'est parce que le génie est une vie complète, refluant sans cesse de l'infini sur soi, que les œuvres d'art possèdent une *réalité vivante.* Il s'ensuit en troisième lieu qu'animé par l'infini (comme *Vollendung der Vorstellung und Vorstellung der Vollendung*), le Soi du génie n'est jamais un donné fini et un point d'égoïsme (pour parler comme Fichte) accompli. Le génie est un atome, mais un atome enveloppant un univers (AG, I, 200). Aussi doit-il pouvoir «valoir comme pure production, et c'est là que se trouve le *triomphe* de l'Esthétique», et, poursuit Cohen, chez qui le mot "triomphe" est décisif : «L'Esthétique atteint ce triomphe dans la mesure où elle doit déterminer l'autonomie de la conscience esthétique spécifique» (AG, I, 200). Avec l'art est ainsi saisie transcendantalement l'Esthétique. Compte-tenu de toutes les médiations exposées, de même que la philosophie de la culture, à partir du sentiment pur de l'infini, fixe un individu, un atome dans l'univers, comme un foyer intense et immense de production sans autre limite que la mort, de même l'Esthétique trouve son vrai langage. Toutes les déterminations relatives (AG, I, 69) s'écroulent. La conscience esthétique dans le génie s'appréhende comme conscience originaire (AG, I, 201). Mais aussi bien, en quatrième lieu, l'objet esthétique, l'œuvre d'art s'effondre comme pour soi – son sens unique consiste à ressusciter en cette pureté nouvelle (*eine neue Reinheit*) le sentiment qui traverse la conscience du génie.

§. 7 - L'Esthétique de Cohen ne laisse pas d'envelopper maintes difficultés. On doit recevoir avec beaucoup de réserves, même en admirant sa culture, l'analyse qu'il donne des œuvres d'art et même des structures esthétiques (peinture , musique, poésie, etc.). Souvent l'analyse perd son autonomie dans la mesure ou Cohen, en réalité, s'oppose à Hegel.

Mais en un moment décisif l'Esthétique de Cohen, soutenue par l'amour et l'érôs, semble défaillir. Il s'est refusé à reconnaître la légitimité esthétique du malheur (AG, I, 208). Selon Cohen tandis que l'art représente le malheur il est pitié (*Mitleid*) et par là même *joie*. Sans doute l'auteur de la *Théorie kantienne de l'expérience* saisit-il avec vigueur cette concentration de la peine et du plaisir. Les sentiments varient toujours plus ou moins. Aussi la peinture du malheur témoigne-t-elle, par exemple, de la stabilité du sentiment esthétique pur, par opposition aux variations complexes du sentiment. Cette stabilité repose sur le fait que la représentation du malheur est soutenue par l'émotion de la pitié. Ingénieuse est l'explication de Cohen. Mais, comme on le voit dans le problème de la laideur (AG, II, 381 et suiv.), elle opère *une neutralisation du malheur comme grandeur négative* et dans la pitié il n'y a pas de posivité éthique, mais seulement une indifférence qui se porte sur la signification, non sur l'existence du malheur. Peut-être une théorie générale des valeurs négatives esthétiques est-elle inconcevable, peut-être Cohen la juge-t-il impénétrable parce que la *négation* n'est pas un jugement esthétique. Il reste alors à devenir leibnizien, à revenir de Leibniz à Kant, car ce retour seul permet d'effacer le problème en faisant coïncider l'être et la perfection. Mais on signe ici un échec grave, car l'*autre*, le moment du non, participe de l'Etre chez Platon qui le fait bien voir en son *Sophiste*[1].

1. Raymond Polin, *Du laid, du mal, du faux*, p. 41 : « Le non-beau *est*, tout autant que le beau. »

III

LES TESTAMENTS

Natorp et Cohen ont chacun laissé un livre posthume nous conduisant sinon à la totalité de leur pensée, du moins à leur cœur. Ces livres sont bien connus – il s'agit d'une part de la *Philosophische Systematik* de Natorp et d'autre part de la *Religion der Vernunft* de Cohen. Ces ouvrages sont d'inégale valeur pour l'historien de la philosophie : l'effort de Natorp est purement philosophique – il indique le but qui animait à sa fin l'Ecole de Marbourg. En revanche Cohen renouvelant son éthique au plus profond de la judéité dépassait avec éclat les limites kantiennes – véritable raison de l'absence du concept de *Mit-Mensch* en son *Ethique du vouloir pur* – entraîné, malgré le souci critique toujours subsistant, vers un discours religieux où il laissait transparaître les valeurs absolues. Limité à la philosophie, l'ouvrage de Natorp (PS) n'avait pas la richesse et la profondeur historique de celui de Cohen (RV).

§. 1 - Dans sa préface, intitulée *La signification de Paul Natorp,* H. Gadamer écrit : «L'unité de la théorie et de la pratique, formulée dans la doctrine kantienne du primat de la raison pratique, conduite à sa réalisation dans la Doctrine de la science de Fichte, devait trouver seulement dans la logique universelle de Natorp sa pleine universalité» (PS, XIII). Phrase un peu creuse, trahissant une complète méconnaissance de la philosophie fichtéenne – que Natorp devait sans doute bien mieux connaître que son préfacier puisqu'il fait une allusion pertinente au concept de quantitabilité, qui n'a son sens que dans la seconde version de la

Wissenschaftslehre (PS, 230) – mais soulignant l'ambition de l'auteur des leçons composant la *Philosophische Systematik*. Natorp ne cherchait plus vraiment à édifier un système, mais à élaborer une logique universelle capable non d'intégrer, mais d'exposer tous les contenus. C'était moins un *panlogisme* qui devait être atteint, qu'une *panarchie du Logos*, selon la judicieuse expression d'E. Lask. Et dans cette panarchie le Logos devait d'une part débuter par ce qu'il y a de plus total et d'autre part, revenant sur sa constitution, rétablir en leur pureté les catégories, afin d'augmenter sa force de pénétration. Si la pénétration du sens de ce qui *est* est ontologie, et si cette ontologie repose sur la logique universelle, alors une métaphysique, mais prise en une signification nouvelle, est possible comme théorie du sens absolu.

Natorp a donc reformulé, d'une manière très fichtéenne, mais au niveau de 1804, le point de départ absolu de la philosophie comme phénoménologie intégrale[1] de la vérité. La philosophie est tension vers la vie. « La vie, écrit-il, est combat, mais combat est questionner, chercher... » (PS, 3). Ce qui meut vers la recherche c'est le non-savoir : « Ce qui pose les questions c'est la contradiction ». Dans un écrit imprimé le mois même de sa mort et qui est consacré à la théorie kantienne de la guerre et de la paix, Natorp affirmait : « ... tout devenir, tout développement, toute vie est *guerre*. Qui refuse la guerre refuse aussi la vie »[2]. Certes cette première vérité absolue, plus absolue que radicale, doit être absolument dépassée, ainsi que la contradiction – et par le mouvement dialectique de celle-ci, vers la paix et Dieu. La

1. L'expression est fichtéenne, cf. Gesamt-ausgabe, IIe Reihe, Bd VIII.

2. P. Natorp, *Kant ueber Krieg und Frieden, ein geschichtsphilosopher Essay*. p. 15. Extraite de son contexte cette thèse de Natorp a été critiquée. Au demeurant ce n'est pas kantien. Kant indique bien qu'il ne voit partout que guerre et désolation (voir les textes réunis dans ma *Théorie kantienne de l'histoire*), mais il n'a jamais dit expressément que vouloir vivre était vouloir la guerre. Ensuite ce n'est pas l'*homme* qui veut immédiatement la guerre. C'est la Nature. Kant écrit : « L'homme veut la concorde, mais la Nature veut la discorde. »

pan-archie du Logos exhibe comme sens premier de l'être la contradiction et la guerre, et pose ce sens non pas comme simple moment , mais comme sens de la totalité.

A partir de là tout est donné comme tâche. D'une part le Logos doit se constituer en pénétrant tous les sens (PS, 312 et suiv.). Natorp accomplit cette tâche doublement. D'un côté, avec une vigueur retrouvée, il reconstruit la totalité de la logique catégoriale. Il nomme cette section de son travail : *Le système des catégories fondamentales.* Une dernière fois joue la thèse énoncée par Cohen dès *La·théorie kantienne de l'expérience* et réaffirmée dans la *logique de la connaissance pure :* les grands concepts sont peu nombreux. Natorp ne suit plus vraiment, comme il l'avait fait en 1910 dans son livre sur *Les fondements logiques des sciences exactes,* l'ordre catégorial kantien. Il dégage un triple faisceau : les catégories de la modalité, les catégories de la relation, les catégories de l'individualisation – et sur celui-ci il appuie le triple développement du logique : logique de la structure, de la fonction, du contenu. Dans cette construction précise viennent se loger des observations d'histoire de la philosophie, tandis que dans un moment – mais on peut donner beaucoup d'exemples – il range la praxis (PS, 361). Ainsi l'ensemble de la vie se déploie et s'organise (*Gliederung*). – Mais d'un autre côté, justement parce qu'il se penche sur la détermination élémentaire de chaque catégorie et non sur la plus abstraite, Natorp efface à chaque instant, comme l'exige la vie, la distinction entre le jugement d'expérience et le jugement de perception. Par là est dépassée la logique transcendantale, que Natorp entend néanmoins conserver. L'universel enveloppe le transcendantal dont il part (PS, 173).

§. 2 - La grande catégorie de Natorp, la catégorie des catégories, est alors l'être comme vie se posant comme sens (*Urleben*) (PS, 362). Telle est la valeur du *Ja-Sinn-des-*

Ewigen, l'affirmation de l'Eternel comme sens[1]. Natorp a clairement vu les apories d'une pan-archie du Logos comme logique transcendantale généralisée. Affirmant demeurer fidèle à l'inspiration kantienne il soutient que sa logique transcendantale n'est plus une logique *des* limites comme chez Kant, mais de *la limite* (PS, 401). Et la limite est l'ultime, la «présupposition transcendantale conduisant jusqu'au point où l'ultime se révèle... par delà l'être et l'essence» (PS, 401). Afin de dépasser la conception où, brisée par la transcendance, la simple pensée humaine «fait de "Dieu" seulement un mot dans la langue humaine, humain trop humain comme tout autre mot humain» (PS, 402), Natorp reprend les catégories de l'infini et parvient à la pure opposition de la «Non-finitude du fini – l'infinitésimal/AP – par rapport à l'absolu sur-infini (*Ueberendlichen*), l'Eternel» (PS, 405). Comme conscience de l'infini présent dans le fini, la logique transcendantale par un retournement essentiel (qui annulerait peut-être la Révolution copernicienne en *réifiant* la limite) s'élèverait à l'Etre. Natorp écrit cette phrase déroutante dans la systématique kantienne : «Le temps lui-même doit passer» (PS, 405). C'est à la dé-temporalité de l'Etre se révélant comme sens qu'aboutit la systématique philosophique. Mais Natorp est conscient du caractère négatif de sa démarche. Il écrit : «Le *Ja-Sinn-des-Ewigen* ne peut posséder le fondement de son être dans la négation de la négation ; mais au contraire il doit être le fondement, à partir duquel le Non en soi doit accomplir la négation» (PS, 405). Plus clairement c'est l'Idée du Bien dans la *République* qui doit rendre *possible* la négation dans le *Sophiste* et non l'inverse.

Aussi Natorp n'a pas renoncé, jusqu'à son dernier souffle, à la pan-archie du Logos, "la vraie raison" (PS, 395). Il n'a pas tenté de minimiser l'énigme du sens et a souligné avec

1. PS, 405. L'expression est intraduisible. On peut l'éclairer d'après une autre expression *Existenzsinn des Seins* (existence-sens de l'Etre).

force le miracle de la langue (PS, 386). Mais il a refusé qu'en dépit de son échec au moins apparent la philosophie recule dans le mythe. C'est le sens des curieuses allusions à l'impressionnante fable de Dostoïevsky : *Le songe d'un homme ridicule*[1]. Retrouver dans l'enfance le Paradis perdu, reconnaît Natorp, est le rêve absolu de l'humanité (PS, 399). Dostoïevsky a su remonter au-delà de toute *volonté* de savoir. Mais selon Natorp, c'est en vain : «Tout homme d'action authentique rira du rêveur» (PS, 399). L'humanité, ajoute Natorp, «doit demeurer à son poste». Que propose dès lors l'auteur de la *Philosophische Systematik:* une théologie pure dont la formule «est un savoir; mais à la vérité un savoir sans connaissance; un savoir ne procédant pas de quelque médiation logique, mais tout-à-fait de l'immédiateté dernière de l'Etre» (PS, 408). Quatre lignes conclusives évoquent la venue de «Dieu en ce monde par amour» (*Ibid.*). La pan-archie du Logos apportant sa fermeture à la philosophie de Natorp l'élève sans doute à la théologie, mais non à la religion.

§. 2. - *La Religion der Vernunft* (RV) de Cohen est le résultat de recherches incessantes, conduites par le philosophe toute sa vie. Le lecteur désireux d'approfondir les aspects de sa pensée pourra toujours consulter le livre important de Sylvain Zac : *La pensée religieuse d'Hermann Cohen ;* il y trouvera un exposé systématique des influences de Maïmonides. Mais tel n'est pas notre propos. Ce que nous voulons exposer est l'ultime relation de Cohen à la philosophie kantienne[2].

1. Dostoïevsky, *Le Journal d'un écrivain* (Pléiade), 979 sq., cf. R. Lauth, *Der Traum eines lächerlichen Menschen als Auseinandersetzung mit Rousseau und Fichte, Dostoievsky Studies Journal of the International Dostoevsky Society.* Vol. 1. 1980, p. 89-101.

2. Naturellement certains moments nous obligeront à nous détourner de cette relation, mais il n'est pas utile en cet ouvrage de discuter les thèses de Cohen touchant par exemple le fait que le mot *Elohim* est pris dans une "Plural-Form". *Religion der Vernunft* (RV), 44.

Déjà dans la seconde édition de la *Fondation kantienne de l'Ethique* (1910) Cohen avait laissé apparaître la complexité des déterminations conceptuelles. Il avait résumé en quelques mots l'essence de la pensée de Kant. On devait disait-il, retrouver dans le concept kantien de *règne des fins* l'ancienne idée d'Augustin du *regnum gratiae*. «Il s'agit, écrivait-il, de la communauté d'êtres moraux (*die Gemeinschaft moralischer Wesen*), en laquelle l'autonomie comme *auto-télie* se réalise» (KBE, 475). Dès lors était posée la question : «si le royaume des fins n'est que l'expression méthodique du règne de Dieu, que reste-t-il à ce dernier, par où il pourrait et devrait se distinguer de la communauté des êtres moraux?» (*Ibid.*). Cohen insistait sur le fait que morale et théologie se rapprochaient d'autant plus chez Kant qu'il n'avait pas su conférer à l'Ethique son unité propre en la liant à l'Etat et au Droit. Et par un renversement trop naturel l'Ethique chez Kant refluait vers la religion devenant un danger pour la moralité concrète (KBE, 476). «C'est seulement, écrivait Cohen, par la subordination et l'intégration (*Einordnung*) de la Religion dans l'Ethique, que l'Ethique peut devenir méthodiquement libre...» (KBE, 476). Quant à l'erreur de Kant «elle se fondait sur une appréciation désorientée du Judaïsme» (*Ibid.*). Il n'est pas facile, tant Cohen est proche de Kant, tant il cherche à le défendre et à l'adapter, de caractériser cette critique: il faut pourtant dire que Cohen dénonce le formalisme kantien et la difficulté de sa critique est que sans jamais être hégélienne – Cohen se veut adversaire de Hegel bien souvent – elle s'exprime néanmoins en formules bien proches de l'hégélianisme.

Qu'avait donc montré la critique de Kant de 1910? C'était l'extrême difficulté d'élaborer une pensée religieuse qui, limitée dans son domaine spécifique, n'altérât pas d'une manière ou d'une autre l'Ethique, en la concurrençant par exemple à partir des concepts moraux qu'elle enveloppe, s'il est vrai, comme on l'a dit, qu'une religion immorale est inconcevable. Cohen placé devant ce problème complexe, qui dépourvu de solution, ruinerait la tentative religieuse, a d'emblée refusé de faire appel à la *conscience.* « La conscience, affirme-t-il, n'est proprement qu'une autre expression pour l'histoire » (RV, 5). Elle peut donc valoir, en sa détermination historique empirique, comme concept central. Aussi bien « le concept de la religion ne doit pas être dévoilé par la religion de la raison – comme s'il s'agissait d'extraire le rationnel du concret –, mais être éclairée par cette dernière », et ce qui permet immédiatement à Cohen de se détacher de l'orientation de Moïse Mendelssohn et de l'*Aufklärung* en général, c'est que chez lui la raison possède une valeur transcendantale fondée dans la *Logique de la connaissance pure.* Ainsi , comme on le verra, les pures notions d'unité, de multiplicité et de totalité jouent un rôle capital.

Affirmant que la religion de la raison constitue la religion en fonction universelle de la conscience humaine (RV, 8), Cohen entend dissiper tout malentendu : « Ce serait dans notre démarche une faute irréparable, si nous voulions limiter et clore la religion de la raison à la religion juive en nous fondant sur ses sources littéraires... Mais il en irait tout autrement si dans le judaïsme le concept de *source* possédait pour la religion de la raison un sens spécifique et une méthode propre » (RV, 9). Le judaïsme, telle est la grande thèse de Cohen, est la source partir de laquelle la religion de la raison peut s'élever à sa possibilité. On ne s'étonnera pas de voir dès lors Cohen en son introduction proposer à nouveau ses thèses fondatrices : « La raison ne s'oppose pas seulement à toute sensibilité de l'Esprit et de l'âme, mais positivement elle signifie la légalité, le fondement originaire de la légalité » (RV, 11), « La raison est l'organe de la loi » (RV, 11-12). L'éthique ne saurait se confondre avec la religion, d'une part de par son appartenance au *System der Philosophie,* d'autre part en sa pureté méthodique où « le Moi de l'homme devient en elle le Moi de l'humanité » (RV, 15). Mais ici même toute la démarche de Cohen va se fausser. Soucieux de distinguer éthique et religion il rappelle l'origine grecque du mot *éthique*. Le contenu moral, intérieur à la religion, la constituerait comme *Sittenlehre*. Et Cohen affirme : « Généralement on distingue entre Religion et *Sittlichkeit,* et pas seulement entre Religion et *Ethik* » (RV, 37). Nous ne traduisons pas *Sittlichkeit,* car selon Hegel, distincte de la *moralité,* ce mot signifie aussi bien éthique. Dans le mot *éthique* comme dans celui de *Sittlichkeit,* il y a à l'origine l'idée de mœurs. Nous voici donc devant une difficulté : donnant le même mot en deux langues différentes, Cohen veut lui trouver deux sens. – Il a bien senti la difficulté à laquelle il se heurtait. Très vite il explique, faisant abstraction des contenus, dont il dira que ce sont les mêmes pour l'humanité et l'homme, que « l'autonomie de l'Ethique par rapport à la religion consiste dans la fondation (*Grundlegung*) de ses concepts » (RV, 37). Quant à la *Sittlichkeit* dont le contenu n'est pas transcendantalement original, de laquelle on peut dire : « Il n'y a pour la conscience juive aucune séparation entre religion et *Sittlichkeit* » (RV, 38), elle détermine la religion : « La religion est elle-même doctrine des mœurs, ou elle n'est pas religion ». Puisque – si nous nous reportons à la déclaration initiale suivant laquelle la religion de la raison pure doit dévoiler le concept de la religion – la réflexion est appelée à libérer les contenus au sein d'une totalité pure systématique, on ne voit pas comment l'*Ethique du vouloir pur* n'envelopperait pas en soi la réduction de la religion. C'est Cohen lui-même qui écrit : « La *Sittenlehre* (doctrine des mœurs, doctrine morale – puisque dans la morale il y a aussi mœurs/AP) – n'est indépendante que comme éthique philosophique » (RV, 38). Tout bascule dans le triomphe de l'Ethique. Comme l'Esthétique transcendantale devait se supprimer dans la logique transcendantale, la religion doit se supprimer dans l'Ethique, fondement de l'humanité et du socialisme. Cohen aurait donc montré, en contredisant ses aspirations les plus profondes, que la religion ne possédait pas sa fin en soi. Mais dès lors qu'on pose qu'une religion immorale est inconcevable, comment ne pas l'abandonner à l'Ethique?

§. 3 - Nous ne cherchons donc pas à l'aide de subtiles observations à distinguer du reste ce qui revient à l'Ethique – ou plutôt nous nous bornerons à l'indiquer si le point est capital. – Au moins doit-on reconnaître à Cohen le mérite d'avoir dans une seule unité de pensée résumé sa problématique : «Les prophètes n'étaient pas des philosophes, mais ils étaient des politiques, des idéalistes plus conséquents que Platon lui-même. En dépit de tout leur patriotisme ils étaient politiquement des citoyens du monde messianique. – Mais ils rencontraient à côté de la question internationale un autre problème : ils voyaient dans la différence du pauvre et du riche le plus grand danger pour l'équilibre de l'Etat. Pour eux la pauvreté était devenue le symbole de la souffrance humaine». (RV, 26). Leur Dieu, ajoute Cohen, était devenu le "Dieu des pauvres". Et la pensée inter-nationaliste ne pouvait qu'être limitée tant que saignerait au cœur de l'Etat cette plaie effroyable. Plus loin Cohen accordera une place fondamentale à la pauvreté. Le bien-être ou son contraire et toutes les déterminations corrélatives conduisant à la pensée de la mort ne sauraient faire de cette dernière le foyer de la conscience; «En effet la mort est un mal métaphysique... sur lequel les mystiques peuvent bien ruminer. Mais elle n'est pas un sujet pour l'éthique, ni par conséquent pour l'authentique religiosité. Il en va tout autrement avec la maladie qui appartient... à la question sociale» (RV, 155). Naturellement Cohen se garde d'affirmer que la question de la mort fut ignorée du prophétisme; mais il voit comme une sorte de Révolution copernicienne que «la pauvreté soit le principal représentant du malheur» (*Ibid.*). La mort est une énigme; la pauvreté de toutes les énigmes est la plus énigmatique, puisque depuis sa densité physique elle s'élève jusqu'à Dieu comme question de la moralité. C'est que la pauvreté selon Cohen n'est pas une détermination fixe; dans un mouvement substantiel elle enveloppe l'homme tout entier, liant ses aspirations, ses pensées, ses volontés – la pauvreté est l'unité tragique de l'homme, la fissure et la rupture de l'Etat; l'assombrissement de l'horizon éthique et international et de ce point de vue, beaucoup plus que la mort principe de la pensée vague, la pauvreté, maladie permise par Dieu, englobe toutes les relations humaines. Même le riche et c'est fréquent, s'il ignore et ne respecte pas les commandements, est infiniment pauvre. La "religion véridique" (RV, 157) doit élever à la pauvreté la douleur même de l'homme et dans le même moment la souffrance (*Leiden*) du genre humain doit s'expliciter dans la pauvreté. «Le mal et la peine, poursuit Cohen, ne sont donc pas seulement des concepts physiques : la souffrance les a introduits dans le psychique et ainsi dans la complication entière du spirituel, qui unit le moment de l'Esprit et le moment éthique» (RV, 157). Tous les éléments subissent une métamorphose : «das Leiden ist auch Schmerz» – la souffrance est aussi chagrin. Mais cette transposition est inconcevable en profondeur chez l'animal, qui n'est pas social. «Il n'y a que la souffrance sociale qui soit une souffrance spirituelle» (RV, 158). Cohen demeure en ce sens l'héritier de Kant, qui, dans sa philosophie de l'histoire, montre comment la socialisation spiritualise la souffrance et le mal. Mais il est clair par ailleurs qu'il s'en sépare en introduisant, il est vrai dans le cadre de la *Religion de la raison*, un *contenu* immanent à l'éthique concrète, dont le premier moment est l'action, non l'intention. – Ecartant la mort, Cohen écarte aussi le *péché* comme principe de lecture de la pauvreté. Dans le mythe, où il voit la forme originelle de la religion, Cohen discerne toujours la même réponse : le péché, ou la faute. Il la retrouve dans la tragédie qui «descend du mythe» (RV, 159). Mais cette réponse n'atteint jamais qu'un principe subjectif. Il faut donc approfondir la phénoménologie de la pauvreté.

Quelle fut la position première de Cohen tandis qu'il découvrait «que la pauvreté est le type de l'homme» (RV, 158) ? Il exposa en une place choisie la pensée stoïcienne, ainsi que celle de Spinoza et Schopenhauer. – Il reconnut la justesse de l'orientation de la Stoa qui saisit la pitié comme un moment principiel. Et il mentionna l'importance de la miséricorde. Mais, d'après lui, la Stoa laissa se glisser à la place de la miséricorde et de la force naturelle, l'abstraction humanitariste (RV, 160). Dans cette perte du concret la Stoa tomba dans la doctrine de l'apathie : devant la douleur elle oublia la participation au profit de la négation abstraite. La phénoménologie de la pauvreté est là pour souligner ce contre-sens où dans le crépuscule de l'antiquité Epicure sembla encore plus naturel que le Stoïcien. – Spinoza, selon Cohen, se rendit célèbre en cette problématique par sa doctrine des passions, montrant que la pitié trouvait sa source là où l'envie trouvait la sienne. Toute mécanique, la psychologie de Spinoza – qui ici ne reposait pas directement sur sa métaphysique – aboutit à concevoir que l'envie ne peut surgir que chez le pauvre et «l'envie ne serait que le contraire de la pitié» (RV, 162). Que signifiait donc la théorie de Spinoza? Trouvant l'origine de la pitié dans la doctrine des passions, il croyait prouver qu'il ne fallait pas moins s'en méfier que de l'envie, car sa source n'était pas moins *subjective*. Mais comparer l'envie et la pitié est également une faute aux yeux de la phénoménologie de la pitié. C'est une apparence métaphysique qu'il convient de dénoncer. Spinoza comparant pitié et envie, assure Cohen, oublie de penser dans la pitié à la souffrance sociale où se totalise l'homme. «Puisqu'il n'y a aucune souffrance sociale... il n'y a pas non plus de pitié sociale» (RV, 163). Spinoza a donc manqué l'autre homme . – Ce fut enfin avec vigueur que Cohen attaqua la pensée de Schopenhauer. On en connaît le principe : par delà l'espace et le temps, les êtres ne font qu'un et cette unité métaphysique, si elle souffre, est ressentie comme telle, comme unité par tous les êtres qui plongent en elle et se retrouvent dans la contraction de l'Etre comme volonté[1]. Aux yeux de Cohen le principe de Schopenhauer servait davantage «la connaissance

1. Alexis Philonenko, *Schopenhauer*.

métaphysique de l'homme» que son *existence* et par là métaphysique et éthique se séparaient d'une manière inorganique. Ensuite la disposition des catégories et des jugements était ruineuse. L'*unité* revenait à la chose en soi et était écartée. Le prochain n'était que *multiplicité*. La *totalité* comme Volonté refluait sur l'*unité* de la chose en soi. Enfin on ne pouvait voir comment de la quadruple racine du principe de raison suffisante une éthique possédant sa légalité propre était capable d'émerger (RV, 163-165).

§. 4 - Pour atteindre, au moins du point de vue pratique, la pauvreté comme essence simple de l'homme, Cohen introduit le concept de *Mit-Mensch,* "l'être-homme-avec-l'homme". Traitant de l'*Ethique du vouloir pur* on a laissé entendre combien cette notion importante était à sa place dans la morale. En revanche nous avons aussi laissé entendre combien la notion de prochain, le *Neben-Mensch* relevait plus de la religion. Mais pour des raisons qui d'une part tiennent à sa systématique (le fait par exemple que la religion doit être morale et posséder sa légalité comme *Sittlichlkeit*) et qui d'autre part se rattachent à la culture juive, Cohen a situé le *Mit-Mensch* dans la religion et le *Nebenmensch* dans l'Ethique. Qu'en ceci il se trouve quelque difficulté, on l'admettra. Mais, puisque les notions sont de toute manière corrélatives, le mal n'est pas bien grand et il nous suffira d'être emporté dans la profondeur du *Mit-Mensch* pour saisir le message ultime de Cohen.

L'expérience, aussi bien naturelle qu'historique, montre que le problème de l'homme se divise en deux grands moments : l'un est constitué par l'individu, comme *singularité,* l'autre par l'homme compris comme *multiplicité* – laquelle doit viser la *totalité*. La singularité doit, si elle veut connaître ses solutions, s'immerger dans la multiplicité, dont à un certain point de vue elle n'est qu'un membre. A son tour la multiplicité se ramène à une unité tendant à s'intégrer dans une totalité plus large. On connaît bien ces catégories : elles sont issues des jugements de la mathématique développés dans la *Logique de la connaissance pure* (LE,

122-175). L'individu, la singularité ne vaut, pour commencer, que comme membre d'une multiplicité (RV, 132). C'est « un homme à côté d'un homme, le prochain ». C'est ce qu'enseigne l'expérience et le prochain vaut, du point de vue de l'éthique comme *Mit-Mensch.* L'écriture de Cohen est surprenante : Ethique ou Religion? « La pensée populaire trouve surprenant que le *Mit-Mensch* ne soit pas qu'un problème de l'Ethique et que ce soit aussi un problème pour la Religion » (RV, 132). Cohen reconnaît au moins avec franchise la difficulté méthodique : « Admettre une telle identité du *Nebenmensch* et du *Mitmensch* est justement le préjugé de la pensée populaire ». Il faut pour dépasser ce préjugé populaire qui nous conduit de l'Ethique à la Religion et inversement, sonder ce que le *Mitmensch* comprend d'autre que le *Nebenmensch.* Cohen écrit : « Une corrélation propre se cache dans "l'être-homme-avec-l'homme", je veux dire celle de l'homme à l'homme, et c'est dans cette étroite corrélation que se développent seulement primitivement le sens et le contenu de la plus universelle corrélation. La corrélation de l'homme et de Dieu ne peut se réaliser, si ce n'est tout d'abord dans la corrélation continue de l'homme à l'homme. La corrélation de l'homme et de Dieu est en première ligne celle des hommes, en tant que des *Mitmenschen* à Dieu » (RV, 133). Voici donc ce qui est "plus" que l'idée de prochain. Usons d'un concept fichtéen pour parvenir à la clarté : celui de série. La série *idéale,* qui est *savoir*[1], est l'unité des consciences humaines dans l'interaction de leurs sentiments et pensées. Et c'est dans cette série idéale, corrélation de l'homme avec l'homme, que s'origine une corrélation plus universelle, celle de Dieu et de l'homme, si bien que l'unité du *Mitmensch* est ce à travers quoi l'Absolu peut être visé. Dans la série réelle Dieu est *créateur* (RV, 77), c'est son attribut originaire – dans la série idéale Dieu est *connu.* C'est ce mouvement des deux séries

1. Il va de soi que le mot *savoir* ne doit pas être pris ici simplement comme forme mathématique.

que ne livre pas le concept de *Nebenmensch*, bien que par là il reçoive une détermination : c'est par la corrélation des *Mitmenschen* qu'il est investi de toute sa dignité morale.

Mais cette définition des corrélations nous enseigne deux choses. D'une part puisque le concept du *Mit-Mensch* fait valoir les liens de significations, il est le concept général de l'homme (RV, 133) et à ce titre le plus apte à fixer les concepts dérivés (par exemple l'*étranger*) découvrant du même coup l'étendue de la pauvreté. Mais d'autre part le *Mit-Mensch* «consiste à être membre (*Glied*) d'un peuple» (RV, 134). Ainsi, concept concret, il ne fournira jamais le fondement humanitariste abstrait qui vide de son sens la pauvreté. Le *Mit-Mensch* est donc l'universel-concret dans sa pureté et sa valeur méthodique. On pourrait dire encore que le *Mit-Mensch* est membre (*Glied*) en général. Ainsi est bien fondée l'idée de pitié. Loin d'être un principe qui se ramène à une apparence métaphysique, elle est la présence et le sang dans "l'être-homme-avec-l'homme". Bien plus : dans cette perspective la pitié engendre l'amour (RV, 170). Cohen a d'étonnantes formules. Ainsi à l'origine l'homme est créé comme amour, mais le *Mit-Mensch* qui sait la pauvreté doit se créer et Dieu l'aide à se créer une seconde fois dans la religion. Le regard lucide sur la pauvreté écarte l'idéalisme pratique qui méconnaît l'être de l'homme comme unique valeur; il écarte aussi le quiétisme, comme la mystique se fondant dans l'esthétique (RV, 519). A travers la pauvreté l'homme se réalise et s'atteint : il devient fidèle : «... la vertu de la fidélité s'applique d'abord au moi propre, puis par la médiation de celui-ci envers le *Mit-Mensch*. Toute bienfaisance est ainsi fidélité envers la communauté humaine.» (RV, 512)

A la question : pourquoi la pauvreté? nulle part Cohen n'a répondu clairement. Peut-être y avait-il un mystère plus profond, plus inconcevable : la *haine*. «Toutes les passions possèdent leur fondement commun dans un mystère de l'âme, qui constitue la haine» (RV, 520). Cohen cite 3. Mos. 19, 17 : «Tu ne dois pas haïr ton frère en ton cœur». Il commente : ici la haine contredit la fraternité; elle est définie comme ce qui contredit le *Mit-Mensch*. Peut-être saurions-nous le secret de la pauvreté, si nous pouvions pénétrer le mystère inconcevable, la pauvreté plus que pauvre, la pauvreté en nous : la haine. Si l'homme s'interroge énergiquement sur cette pauvreté essentielle qui est en lui, peut-être trouvera-t-il le courage de penser la pauvreté vraie et à travers elle Dieu.

L'HÉRITIER
E. CASSIRER

I

VERS LA PHILOSOPHIE DE LA CULTURE

Donc H. Cohen meurt en 1918 – il ne verra pas le premier volume de la *Philosophie des formes symboliques* (1922) et Natorp qui disparaît en 1924 ne saura rien du volume qui achève la théorie des formes symboliques. Sans doute Cassirer n'a pas oublié les leçons de ses maîtres, mais ce n'est plus à l'intérieur d'une discussion féconde, semblable à celle qui s'engageait entre Cohen et Natorp, qu'il a élaboré son œuvre maîtresse. Cassirer est le plus brillant des élèves qui sortent de l'Ecole de Marbourg, mais autre chose participer à l'existence d'une école philosophique, autre chose en sortir. Elève de l'Ecole de Marbourg, Cassirer se distingue par deux qualités. D'une part à l'image de ses maîtres il se présente à nous comme un esprit universel. Philologue éminent, il est aussi fort versé dans les sciences exactes, mathématique et physique, et il montrera de solides connaissances en biologie[1]. Philosophe, il a su se montrer un historien de la philosophie hors pair. Si l'on demande à quel philosophe Cassirer ressemble le plus par sa forme d'esprit, c'est à Leibniz auquel il consacra ses premiers travaux. D'autre part, là encore peut-être à l'image de Leibniz, Cassirer fut un esprit d'une très grande agilité et d'une très grand souplesse. On ne saurait en ceci le comparer à Cohen, ni même à Natorp férus de déductions systématiques. Cohen était un bûcheron d'une force prodigieuse, Cassirer était d'abord un diplomate.

1. E. Cassirer, *The Problem of Knowledge*, Yale 1950.

§. 1 - Peut-être ces qualités rares, précisément par un changement de style, procurèrent-elles à l'Ecole de Marbourg une survie. En jugeant avec sérénité l'œuvre de Cohen – y compris sa *Religion der Vernunft* – on peut penser qu'il n'avait plus rien à dire de systématique, c'est-à-dire de fondamental à ses yeux. Avec la doctrine de l'*Esthétique du sentiment pur* Cohen avait achevé son système. La pensée de Cassirer plus diplomatique, répétons-le, ne s'est jamais clôturée. Peut-être est-il permis de penser que son œuvre historique lui avait laissé le sentiment du mouvement perpétuel de l'esprit humain et sans doute a-t-il trouvé dans ce mouvement un principe éthique et théorique d'ouverture. Puisqu'en somme l'œuvre de Cassirer a débuté par l'écriture en histoire de la philosophie, nous ferons bien de suivre ces premiers pas. Au demeurant Cassirer a indiqué avec précision les dates qui délimitent cette première période. Elle va de 1902 à 1910. Dans le troisième volume de la *Philosophie des formes symboliques* (PSF) il souligne que le point de départ de sa grande œuvre fut son travail de 1910 sur le concept de substance et de fonction que nous avons examiné plus haut.

Les travaux historiques de Cassirer sont au nombre de trois. Le premier est une étude consacrée à *La critique cartésienne des mathématiques et de la connaissance*. Elle fut publiée en 1902 avec *Le système de Leibniz d'après ses fondations scientifiques*. Enfin ces deux études furent plus que complétées par le considérable travail en deux volumes intitulé : *Le problème de la connaissance dans la philosophie et dans la science à l'époque moderne*. (1906-1907).

Dans sa première étude consacrée à Descartes, Cassirer avait repris la question du sens de la philosophie cartésienne déjà élaborée à Marbourg en 1882 par P. Natorp dans son premier vrai livre intitulé : *La théorie cartésienne de la connaissance, Contribution à la préhistoire du Criticisme*. Le titre ne laissait place à aucun doute : Descartes n'était qu'un précurseur de Kant. Très originale fut l'approche de Natorp qui partit des *Regulae ad directionem ingenii* pour découvrir immédiatement la faille du système cartésien qui fonde tout entière l'évidence mathématique dans l'intuition, qu'il conçoit malheureusement dans la perspective d'un empirisme aristotélicien très déterminé[1], sans parvenir à s'élever au concept kantien d'intuition pure[2]. Si donc, au point de départ, Descartes manque le jugement synthétique, il ne peut que s'écarter de la connaissance transcendantalement comprise et le livre de Natorp, souvent élogieux pour Descartes, repose sur cette objection fondamentale. Cassirer, sans oublier le travail de Natorp, s'est orienté dans une voie différente. Lui aussi voit en Descartes un précurseur de Kant. Lui aussi part des *Regulae* où Descartes affirme – anticipation du "Je pense kantien" – l'unité de la *mens humana,* semblable à un soleil éclairant toutes les sciences[3]. Mais plus audacieuse et plus fondamentale est sa critique centrale – il reproche à Descartes d'avoir *substantialisé* son principe méthodique, l'espace, et d'être retourné d'une conception critique de la méthode à une métaphysique, qui bien que nommée *philosophia prima* n'est le plus souvent qu'une métaphysique attachée à déterminer la *chose*. A partir de là Cassirer a dégagé les difficultés les plus connues du cartésianisme et notamment les embarras qui encombrent l'obscure théorie cartésienne de la substance[4].

Le travail consacré à Leibniz est d'une tout autre ampleur. Cassirer s'est efforcé, non pas d'introduire des catégories pour ainsi dire extérieures aux sciences et qui en détermine-

1. Prantl, *Geschichte des Logik,* III, 332.

2. P. Natorp, *Descartes' Erkenntnisstheorie*, etc., p. 19.

3. La comparaison cartésienne entre la raison humaine et le soleil possède avant tout une valeur anti-augustinienne. On ne s'en avise guère.

4. J.-L. Marion, *Sur la théologie blanche de Descartes*. p. 116 et suiv. Cassirer donnait la définition suivante, à propos de l'espace, de la substance : « La substance est ainsi la présupposition logique universelle de l'étendue ; mais dans sa fonction essentielle elle n'était cependant ni épuisée ni donnée. » (LS, 35). Cassirer en 1902 possède déjà le concept important de fonction qu'il lit comme Kant en un sens mathématique.

raient la possibilité, mais de souligner dans le mouvement même de la science le moment fondateur. C'est sans doute l'imposant chapitre IV, *Le problème de la continuité,* qui forme le cœur de l'analyse cassirérienne de la détermination objective du système de Leibniz. Le titre complet du chapitre en détermine la portée : *Le principe de continuité et le système des concepts.* Continuité signifie : «chercher la déterminité des concepts non plus en leur séparation, mais dans la légalité les unissant» (LS, 223). Après avoir cité le passage où Leibniz définit la science générale comme "generalissima Ars cogitandi" (Math. VIII, 51), Cassirer écrit : «Le secret de la véritable logique réelle se constitue dans la pensée de la continuité : – ainsi la logique habituelle devient logique des problèmes de la connaissance...» (LS, 223). C'était reprendre le développement fourni par Cohen dans son écrit de 1883 sur *le principe infinitésimal* et sa méthode. Leibniz écrit :«Datis nimirum ordinatis etiam quaesita esse ordinata» (Math., VI, 129). Et c'est contre Descartes que Leibniz se tourne. Par exemple à propos des lois du mouvement, Descartes en distingue sept. Le principe leibnizien de continuité exige l'intervention de l'unité systématique des principes fondamentaux, par exemple ceux de la mécanique, qu'il ne reste qu'à développer. (Concept de force, loi de conservation de l'énergie, matière, etc.) Cassirer montra son agilité d'esprit en superposant, à cette systématique qui rapprochait tant Kant de Leibniz, une théorie des concepts réfléchissants, comme l'histoire et l'esthétique dont on a dit quelques mots. Cependant Leibniz ne sera pas Kant. Non pas qu'il ne saisisse pas correctement l'idée de Dieu ou d'un entendement intuitif, mais le concept fini de la monade est compliqué avec les déterminations de la conscience divine et la finitude est méconnue. En d'autres termes la conscience en Dieu est bien comprise comme *intellectus archetypus,* mais la conscience monadique supprime en soi la différence de l'Idée et du principe (LS, 394). Le fait de la conscience se présente comme une *Idée,* une détermination inépuisable. Et cependant le Moi intérieur à la monade est par ailleurs posé en tant que contenu des *principes* comme une simple abstraction dont la réalité effective pourrait être saisie dans l'acte de conscience individuel. C'est la *dialectique* de la conscience de soi, qui, de manière surprenante, tandis qu'elle ferme l'accès au "Je pense" kantien, éloigne Leibniz de la philosophie transcendantale : « Et puisque je conçois que d'autres estres ont aussi le droit de dire Moi... c'est par là que je conçois ce qu'on appelle la *substance* en général » (Phil., VI, 493). Substance, le Moi oblige à écarter la science comme sujet.

§. 2 - Plus célèbre, la troisième étude est l'*Erkenntnisproblem* (EP). Cassirer y retrace l'histoire philosophique et scientifique qu'il commence par l'analyse de Nicolas de Cuse. On s'est souvent trompé sur le sens de cette œuvre de Cassirer, qu'on a par exemple, affublée en italien d'un titre ne lui convenant pas : histoire de la philosophie. L'intention profonde de Cassirer, prêtant tant d'attention aux mathématiques, était de montrer que la connaissance scientifique portait en soi un problème qu'elle ne pouvait résoudre qu'en s'élevant à la pensée transcendantale redécouverte par Cohen. De ce point de vue, son travail se présente comme une auto-télie grandissante du savoir. Or ici même apparaissait un désaccord profond avec Kant. Dans la célèbre section où il achève la *Critique de la Raison pure,* Kant indique qu'il reste une lacune. L'histoire de la raison pure n'a pas été écrite. Mais il ajoute aussitôt qu'elle ne devait pas l'être. Entre ce qui précède la *Critique* et la *Critique* Kant ne voit rien qui ressemble à un quelconque progrès. Il n'y a que ruines fumantes lieu des erreurs. Aussi après la *Critique* c'est le soleil qui peut gouverner l'élaboration du *Système* transcendantal. On trouvera dans ma *Théorie kantienne de l'histoire* l'analyse de ce point de vue, totalement opposé à celui de Hegel[1]. En ce sens Cassirer rejoint Hegel. Mais considérons l'idée d'*auto-télie*. L'histoire de la connaissance

1. p. 221 et suiv. Cf. M. Gueroult, *Etudes de philosophie allemande*, p. 61.

a, en 1907, pour Cassirer une finalité propre. Toute cette histoire tend vers la saisie et la position immanentes et internes du principe suprême qui, chez Kant, rend l'expérience possible. L'histoire vue par Cassirer est une histoire qui s'atteint, qui rejoint sa fin, qui est auto-télie. Cette histoire ne se perdra pas parmi d'autres histoires dans le sable des chroniques. – Cela posé cette histoire, ce *problème* est une *phénoménologie*. En 1907 Cassirer conçoit encore la phénoménologie dans le sens de Hegel et Lambert. Ce dernier dans son *Neues Organon* (*Phil. Schrift.* Bd II) avait élaboré le principe d'une phénoménologie (ou encore *Scheinlehre*) comme doctrine des apparences. La *Phénoménologie de l'Esprit* de Hegel n'est autre chose qu'une doctrine des apparences de l'Esprit qui s'effacent dialectiquement l'une après l'autre jusqu'à l'apothéose dans le *Golgotha* de l'Esprit absolu. La recherche de Cassirer s'inscrit dans cette orientation de pensée. C'est la description historique phénoménologique des systèmes qui s'effacent les uns après les autres ayant épuisé leurs ressources à triompher d'un obstacle aussi logique qu'imprévu. Téléologique et phénoménologique, la recherche de Cassirer ne se confond pas avec une histoire sans lien et visée interne, et portant en soi son criterium, elle doit s'atteindre dans la clarté.

Mais dans cette histoire, Cassirer va se séparer d'une manière éclatante de Cohen : pour lire Kant en profondeur il quitte le sol de la logique transcendantale pour celui de la psychologie (EP, II, 713). C'est le schématisme transcendantal qui l'attire invinciblement[1]. Il écrit à son propos :

1. M. Aubenque dans un exposé brillant sur Cassirer et Heidegger a jugé que l'on surestimait souvent la portée du schématisme transcendantal. Il demeure que Fichte et tous les grands idéalistes allemands s'y sont fortement attachés. Ne violons pas les textes en les forçant , ni en les nivelant. Et si Heidegger s'est embarrassé dans cette doctrine, il demeure important de la considérer et d'en dégager les conséquences, en particulier l'impossibilité de saisir la typique de la raison pratique.

« Son thème propre est la question concernant la possibilité *psychologique* de l'idée générale. » (*Ibid.*). Résumons la démarche de l'interprétation proposée par Cassirer. Il évoque allusivement les apports de la déduction transcendantale selon Kant. D'après l'auteur de la *Critique de la Raison pure* (section sur le schématisme transcendantal, alinéa 2, K. d. r. V, B. 177) la déduction transcendantale a démontré la validité des catégories, saisies dans leur ensemble – d'où le rôle du "Ich denke". puisque chacune des catégories, prise à part, est un *concept*, elle doit être regardée comme une *idée générale* et par elles-mêmes les catégories posent le problème de l'idée générale, qui pour être *applicable* suppose la représentation distincte. Au problème spécifique de la validité propre à la déduction transcendantale succède celui de l'*applicabilité*. Or, comme l'a enseigné l'empirisme classique, l'idée générale et abstraite – catégorie ou triangle – est à proprement parler inconcevable. Dans son *Essai sur l'entendement humain* (Liv. IV, ch. VII, §. 9) Locke avoue qu'il est difficile de concevoir un triangle qui ne soit pas isocèle, scalène, ou rectangle. Il convient donc que l'idée générale ne saurait être *conçue,* tandis qu'il s'appuie sur le seul principe analytique de non-contradiction, et cette thèse poussée dans ses retranchements ultimes ne signifie pas seulement la ruine de la science, mais aussi "de la conscience commune", à tel point que penser c'est parler. Berkeley, selon Cassirer, condamne Locke avec raison (*Principes de la connaissance humaine,* Introduction, §. 13). Mais dans sa diatribe Berkeley avait négligé un point très important. Locke demandait qu'on lui montre comment l'idée générale et abstraite pouvait être conçue, sans se demander si elle pouvait l'être.

Or pour Cassirer c'est ce que fit Kant se plaçant délibérément sur le terrain de l'empirisme. De même que selon Cohen il avait rejeté l'idée d'un sujet psychologique et d'un objet tout faits – s'imposant l'absurde tâche de les relier ensuite – montrant que c'était la science qui précisément permettait de poser un sujet et et un objet, de même selon

Cassirer Kant écarta la dualité prétendue originaire *des images* et du concept. On ne doit pas chercher, comme Locke, la genèse du concept à partir des images, qui par une brumeuse coalescence constitueraient le concept, ni par une abstraction sans principes qui, faisant disparaître une à une les images engendrerait par miracle le concept. Ni Locke, ni Berkeley n'ont observé empiriquement le *travail* de la pensée. Kant l'expose en élaborant la conception du nombre cinq. Il n'y a pas d'un côté premièrement l'image et de l'autre côté aussi premièrement le concept, mais il y a un processus méthodique de l'imagination, faisant jaillir aux extrêmes images et concepts. Ces processus de l'imagination sont des *méthodes*. On ne dira pas, sauf à ne pas craindre le ridicule absolu qu'une méthode de construction du triangle doit être équilatérale. Ce serait redescendre comiquement de l'acte à l'être. Voilà pourquoi Kant dit qu'il n'y a pas « au fondement de nos purs concepts sensibles des images de l'objet. » (K. d. r. V, B, 180). Cassirer commente : nos concepts ne sont pas fondés dans l'abstraction empirique, ni dans la confusion des images. Il cite alors la définition kantienne du schème : « Or c'est cette représentation d'un procédé général de l'imagination, servant à procurer à un concept son image, que j'appelle le schème de ce concept. » (K. d. v. V, 180). Deux mots sont important. *Représentation – procédé.* Par l'idée de procédé réalisant l'unité du concept et des images,fondée par les schèmes, on doit saisir une *démarche,* une opération de l'esprit, concevable non seulement pour les *jugements d'expérience* (ordre du temps), mais aussi pour les jugements de perception. Cassirer sait très bien que Cohen, étudiant la nouvelle définition donnée par Kant du synthétique et de l'analytique juste avant le chapitre sur le schématisme transcendantal, avait poussé le kantisme encore plus loin dans l'horizon *scientifique,* écartant par ce seul fait toute psychologie. Or comme on l'a vu, c'est vers la psychologie que s'oriente Cassirer, d'une manière très contraire à la doctrine de l'Ecole de Marbourg. Mais il retient le mot *représentation.* Il ne lui apporte aucune nuance. Rien dans le texte de Kant ne dit qu'il doit s'agir de la représentation *pure* d'un procédé pur et quand on sait le soin apporté par Kant à choisir ses termes et à les codifier, il est sûr que la détermination kantienne, fort intéressante pour le jugement d'expérience et l'ordre du monde, ne s'y limite pas – elle s'étend à la réalité du cours du monde.

Se détournant de Cohen, introduisant au cœur du kantisme une visée psychologique, Cassirer s'orientait vers les principes qui allaient gouverner sa *Philosophie der symbolischen Formen*. Si nous considérons par exemple la langue, nous voyons tout un schématisme s'organiser. Les généralités des mots s'adaptent à la diversité, comme Humboldt – auquel Cassirer empruntera tant – l'a montré[1]. Puisque le schématisme, organisation du concept et de la multiplicité était atteint, une philosophie transcendantale de l'expérience vécue était concevable. Naturellement Cassirer se préparait à faire exploser le cadre rigide du système de Cohen qui jamais ne s'engage dans une théorie du langage et encore moins du mythe. On peut donc penser qu'en 1907 Cassirer pénètre dans une voie que la systématique de Cohen interdisait, jusque dans la théorie de l'art, préoccupée partout de refouler l'influence du romantisme. Cassirer va s'orienter vers les couches culturelles profondes de l'esprit, celles qu'on peut nommer pré-transcendantales, pour montrer que le schématisme reste encore un principe fondamental.

§. 3 - Nous possédons avant la publication de la *Philosophie der symbolischen Formen* trois écrits importants de Cassirer. Le premier intitulé *Freiheit und Form* est suivi par le texte concluant l'édition des œuvres de Kant par Cassirer : *Kants Leben und Lehre*, le dernier

1. Wilhem von Humboldt, *Gesammelte Schriften* Werke, Herausgegeben von Albert Leitzmann, VII, Bd, I, 46, 169, 46). Cf. Cassirer, *Philosophie des Formes symboliques*, 1972, T. I. 103 et suiv.

enfin est consacré à la théorie de la relativité d'Einstein : *Zur Einsteinschen Relativitätstheorie*. Ces écrits sont plus difficiles à apprécier qu'on ne le pense et ont contribué à la formation du système de Cassirer. Une seule chose les relie véritablement : ils appartiennent tous à une période de crise. *Freiheit und Form*, rédigé en 1916, consacré en principe à faire valoir l'esprit allemand comme puissance dépassant la forme, est évidemment un écrit possédant quelques valeurs patriotiques[1]. L'édition des œuvres de Kant, et le livre sur Kant leur servant de conclusion, peuvent aussi être comptés comme une contribution à la gloire de l'esprit allemand. Le dernier écrit justifie par son seul titre l'état de crise en lequel il fut rédigé. – *Freiheit und Form* est tout sauf un livre de morale. Au demeurant, chose qui peut paraître étonnante chez un écrivain aussi prolixe que Cassirer, nous ne possédons aucun traité de morale de l'auteur des *Formes symboliques*. Même son dernier ouvrage avant l'exil – *La philosophie des lumières* – n'est pas ostensiblement un traité de morale. Cassirer pensait d'une part que le développement de la culture servait l'éthique, que, par exemple, la lecture de Gœthe, de Schiller et de bien d'autres impliquait en soi un respect envers l'humanité. D'autre part il était convaincu que la science en tant que science remplissait cette tâche culturelle et qu'on ne pouvait à la fois tenir d'une main une lunette d'astronomie et de l'autre un fusil. *Freiheit und Form* participe de cette pensée générale. Le sixième chapitre consacré à la philosophie allemande de l'Etat pourrait

1. Cassirer cependant commence son livre par la *Renaissance* qu'il divise en trois tendances. D'abord l'italienne qui donnera naissance à son livre important de 1927 *Individuum und Kosmos*. Ensuite la Renaissance française où il cite avec insistance Montaigne et enfin la Renaissance allemande, avec Luther et Erasme. Il prend bien soin d'écrire qu'à ce point de vue « Le Christ et Platon, Moïse et Socrate sont identiques » (*Freiheit und Form*, 6). Consacré à l'esprit allemand le livre de Cassirer revendique une introduction humaniste et internationaliste. Il ajoute, enfin, que dans la Renaissance la nouvelle saisie du concept de liberté et de personne demeure un héritage dont tout mouvement intellectuel doit témoigner.

donner à penser – mais, opposé à tout fanatisme, dans le dernière page de son écrit, Cassirer souligne seulement l'énergie de la pensée allemande classique, manifestée dans la théorie de l'Etat.

Dans *Freiheit und Form* Cassirer a beaucoup insisté sur le drame chez Shakespeare et les leçons qu'Hamann a su en tirer – au point d'écrire : « Dans l'effort vers la “pureté” du concept tous les contenus que nous donnent la vie et les sens, sont niés » (FF, 111). Mais ce que Herder a su écrire de Shakespeare est particulièrement important pour la théorie du mythe dans les *Formes symboliques*. Loin que le personnage se meuve dans un espace géométrique et en un temps déjà élaborés comme le voulait la convention du théâtre français (FF, 122), c'est au contraire à partir de la conscience tragique et de ses déterminations internes que le temps, comme l'espace de la tragédie doivent se déployer dans leurs structures significatives propres. Cassirer précise que chez Shakespeare l'unité du temps et de l'espace, loin de fonder la tragédie, en découle, et que jusque dans ses particularités les plus humbles, le drame est dominé par la langue et le rythme propre aux tragédiens anglais. (FF, 122-127). Les formes de l'art révèlent une spécificité et une pureté originales. Cassirer montre ainsi comment Schiller, d'abord dominé par la pensée de Kant (lettre à Kant du 13 juin 1794) s'achemine vers une conception dialectique de l'art où par exemple seule « la résistance peut donner sa lumière à la force »[1]. Sans jamais il est vrai faire abstraction de la pensée kantienne, Schiller s'est orienté vers une “exposition de la liberté” comprenant en soi sa forme et sa norme (FF, 287). Cassirer a trouvé chez Schiller une compénétration de la liberté et de la forme, de la nature et de la liberté, de la réceptivité et de l'activité autonome, aboutissant dans la lumière de la loi morale à son contenu comme une réalité voulue de soi, expression et sang de la

1. Schiller, *Über Grund des Vergnüngens an. trag. Gegenständen* (1791), SW, Bd XI, 146.

personnalité dans son effort organique vers soi. Demeurant kantien en ce qu'il unit les moments que Kant sépare précisément, Schiller rejoint Shakespeare en le dépassant vers une Esthétique où le beau est l'impératif catégorique. Quant au beau il est défini en sa légalité comme le style opposé à la manière, car seul le style délivre l'exposé de toutes les déterminations contingentes (A Körner, 28 février 1793). Cassirer observe que Gœthe s'est servi de ces expressions pour définir lors de son voyage en Italie ses conceptions fondamentales (FF, 289). – Mais cette conception organique, Cassirer l'a trouvée aussi dans la pensée politique de Humboldt. Pour ce dernier l'action extérieure est un enrichissement symbolique de l'intériorité, en quoi il ne se sépare pas de Gœthe. Mais cette symbolisation serait impossible si, au lieu d'être une totalité organique, l'Etat, "abstraction du tout", ne devait pas être dominé par la notion unie dans la liberté et la forme comme analogon de la personnalité individuelle concrète. Ainsi ce qui est vrai de l'art l'est aussi de la politique : il faut l'auto-pénétration de "l'universel" et du "concret". Toutefois avant d'entreprendre l'examen de la pensée politique de Fichte, Cassirer avoua que Humboldt se heurtait à une grave limite : son sentiment humaniste le desservait en le conduisant sans cesse à devenir davantage un spectateur qu'un acteur. C'est avec cette considération que nous quitterons *Freiheit und Form* où Cassirer, répétons-le, au point de vue de l'espace et du temps a découvert des thèmes précieux pour sa philosophie du mythe et peut-être, ressemblant à Humboldt, fut-il desservi par son humanisme qui lui inspirait une confiance dans la raison, là où l'homme d'action aurait déjà pris les armes.

En 1918 Cassirer rédigea un volume intitulé *Kants Leben und Lehre* qui servit de conclusion à son édition des œuvres de Kant en dix volumes. Certes l'édition de l'Académie n'était pas achevée, mais il faut être assez honnête pour reconnaître que l'édition Cassirer ne s'imposait pas formellement. C'est ainsi que beaucoup d'ouvrages de Kant préparés avec soin, par exemple la *Metaphysik der Sitten* par Vorländer, avaient été publiés, et pour s'en tenir à l'exemple de la *Metaphysik der Sitten,* l'édition Cassirer ne présentait nullement un progrès majeur. Il semble aussi que les relations entre l'éditeur des œuvres dans l'édition de l'Académie et l'auteur de l'édition Cassirer n'aient pas été bonnes. Cela se voit surtout dans les volumes consacrés à la correspondance. Certains documents n'auraient pas été transmis par l'Académie et dans tous les cas l'édition Cassirer ignore tout du Bd XIII de l'Académie. Notre rôle n'est pas ici de chercher des coupables et encore moins de les punir. Au fond Cassirer n'a rien fait d'autre que de remplir le vide créé par la disparition croissante de l'édition Hartenstein, et réunir ce qui était dispersé chez Meiner.

Le volume consacré à *La vie de Kant et à son œuvre* n'a pas beaucoup fait pour la gloire de Cassirer – exception faite de la foule des naïfs totalement ignorants de la philosophie kantienne. Ce fut, semble-t-il, un livre vite écrit. Il est composé de pages destinées à retracer la vie de Kant, d'extraits des lettres du philosophe. Ces pages entrecoupent l'interprétation très conventionnelle de Kant, pourtant inspirée par Cohen. Cassirer n'a pas hésité à introduire des citations pour le moins massives. On retire donc de la lecture l'impression d'un livre très vite fait, ce qui toutefois n'assombrit pas l'écriture souverainement élégante de Cassirer. Souvent il n'a guère dépassé Cohen. Ce dernier avait eu le courage de déplacer dans la *Kants Theorie der Erfahrung* l'étude de la téléologie qui ne lui semblait pas avoir sa place dans la *Critique de la faculté de juger*. Sans nier la difficulté de l'unité de la troisième critique, Cassirer a prétendu (302-304) la dégager au niveau de la structure des jugements. Solution conventionnelle, due à K. Fischer, brisée déjà par Stadler. Mais si Cassirer s'est risqué à cette dialectique dont il connaissait trop bien les dangers, c'était afin de conférer à l'œuvre de Kant le prédicat d'unité qui lui est souvent refusé. L'étude du néo-kantisme de Cohen et de Natorp nous dispense d'une analyse détaillée de cet ouvrage de Cassirer. Nous voudrions seulement mettre en lumière le point de vue à nos yeux le plus décisif, et susceptible d'annoncer les *Formes symboliques*. Cassirer avait vu que pour la psychologie classique et métaphysique, l'individu était un quasi-absolu, si l'on peut s'exprimer ainsi, où rien ne rentrait, ni ne sortait. Par là même était exclu le concept d'inter-subjectivité, fondement de l'inter-personnalité, qui établit l'éthique. Où trouver le moment extrême où cet individu serait absolument conforme à sa définition scolastique : *Individuum est ineffabile* ? Cassirer crut, avec raison, que Kant l'avait découvert dans l'individu *esthétique*. Où voit-on mieux notre différence, notre incapacité à sortir de notre moi, notre impuissance à communiquer réellement que dans les jugements que notre goût nous conduit à porter ? Cassirer a pensé que Kant, dans la théorie du *sensus communis* et du sentiment vital, avait fini par établir trois voies de communicabilité. L'une médiatisée par l'objet connu et de ce fait impersonnelle, l'autre médiatisée par la loi morale et de ce fait aussi impersonnelle et une troisième directe. « A ce point, note Cassirer, intervient la problématique de la conscience esthétique. La conscience affirme une communicabilité universelle de *sujet* à *sujet*, qui n'exige pas le moment *objectif conceptuel* ni l'immersion en celui-ci. Dans le phénomène du beau le non-conceptuel est accompli, tandis que, demeurant en lui-même, chaque sujet demeure plongé en son propre état, et se sait en même temps délivré de toutes particularités contingentes et porteur d'un sentiment commun qui n'appartient plus à “celui-ci” ou à “celui-là”... Cette “universalité subjective” est l'affirmation et la réalisation d'une universalité de la subjectivité elle-même ». (340). Ici est née l'argumentation de Davos : bien que chacun de nous parlions *notre* langage absolu, il y a pourtant un langage, à travers lequel nous communiquons et nous nous réalisons. Ce fut sans doute, dans tout ce livre déjà écrit dans l'*Erkenntnisproblem*, la contribution majeure de

Cassirer. Elle mettait fin à une problématique souveraine dans l'idéalisme allemand que seul Fichte avait su maîtriser[1].

Le troisième écrit de Cassirer, publié en 1920, fut une réflexion sur la théorie de la relativité généralisée d'Einstein. Comme il le mentionne avec élégance et exactitude, Cassirer, avant de publier son étude, la soumit à Einstein lui-même et tint le plus grand compte de ses observations. Il y a donc eu – chose assez rare – collaboration entre un grand physicien et un grand philosophe. Averti des objections que l'on sait, Bergson n'aurait point commis ce mémorable contre-sens qu'est *Durée et Simultanéité*[2].

Dans son étude, toute la réflexion de Cassirer consista à s'élever par delà les oppositions à l'unité méthodique. C'est ainsi que Newton *enregistre,* sans l'*interpréter,* le phénomène de la pesanteur de la masse et de son énergie (Rel, 62). «Mais si ce problème était reconnu par Newton et considéré comme fait, cela signifiait qu'il devait être compris et considéré d'une manière principielle...» (Rel, 60). Et sans doute ce problème pouvait-il conduire les esprits spéculatifs à la question de "l'essence" de la matière. Mais ce chemin n'était ni celui de Newton, ni celui d'Einstein, préoccupés par l'enchaînement des phénomènes et comme tels justiciables, comme l'avait déjà affirmé Natorp, d'une même fondation transcendantale en général. Aussi Cassirer n'en est-il que plus à l'aise pour reconnaître les mérites de la théorie d'Einstein, résolvant ainsi le vieux problème de la force agissant à distance. Pour la première fois, considérant le développement d'Einstein, Cassirer évoque un exemple qui lui est cher : le passage continu des formes des équations de la théorie de l'optique de Fresnel à celles qui composent la théorie électromagnétique (Rel, 61-62) (SF, III, 504).

1. Alexis Philonenko, *La liberté humaine dans la philosophie de Fichte.*

2. Le titre exact du travail de Cassirer est : *Zur Einsteinschen Relativitäts Theorie,* Berlin 1921.

Naturellement Cassirer établit le bien fondé de la méthode transcendantale dans le sens même de Cohen en reprenant sa propre théorie de l'idée de substance, concept métaphysique et dogmatique qui s'oppose à une compréhension rationnelle de la réalité comme tissu complexe de relations fonctionnelles. En même temps il montrait et limitait la "percée" d'Einstein : « La théorie générale de la relativité ne s'embarrasse plus avec les corps fixes de la géométrie et de la mécanique classique, mais elle part dans sa détermination du moment universel *ds,* comme élément de la ligne, d'une nouvelle conception élargie ». (Rel, 65). En clair Einstein substitue définitivement à la forme-chose (*Dingform*) un authentique *Systemform* de la nature et de ses lois. – Cassirer a consacré bien des efforts à concilier la théorie de l'espace absolu et de l'espace relatif chez Kant (Rel, 75) où l'on pouvait croire trouver le nerf d'une réfutation de l'idéalisme transcendantal. Ramenant ce dernier, en s'appuyant sur Leibniz (Rel, 79), Cassirer a établi qu'une philosophie des fonctions radicales de l'esprit ne contredirait jamais ses méthodes, ni leurs résultats (Rel, 110). Commentant Minkowski[1] il écrit : « Voici ce qui reste du "monde absolu" de Minkowski : de son avènement dans l'espace tridimensionnel il advient pour ainsi dire à la physique un *être* dans un monde quadri-dimensionnel où le temps, comme grandeur variable, est remplacé par le "rayon lumineux" (*Lichtweg*) ($x4 = \sqrt{-1\,c\,t}$) ». Mais si la valeur temporelle est remplacée par une valeur numérique imaginaire, il ne s'ensuit pas que le monde vécu doive disparaître, mais seulement qu'appuyée sur l'idée de légalité, fondée dans le kantisme, la physique doit aller plus loin. Loin de détruire notre monde la Relativité généralisée le situe en confirmant les valeurs transcendantales.

1. Lorents – Einstein – Minkowski, *Das Relativitätsprincip. Eine Sammlung von Abhandlungen. (Fortschritte der mathemat. Wissensch.*, Heft 2, Leipzig und Berlin, 1913. – Minkowski H, *Raum und Zeit,* Vortrag, Köln.

II

LE CONCEPT DE FORME SYMBOLIQUE

E. Cassirer a déposé l'essentiel de sa pensée dans la *Philosophie des formes symboliques* (1922-1929). C'est son souci de totalisation qui l'a conduit à se rattacher à Hegel (III, V) beaucoup plus que la dialectique des contradictions ou l'idée que dans leur développement les formes symboliques qu'il a exposées s'intégreraient l'une après l'autre dans un développement historique concret et immanent[1]. Ce qui, chez Hegel, l'a toujours attiré, comme chez Leibniz d'ailleurs, ce fut la plasticité et la richesse psychologique des analyses. *Phénoménologie* dans la *Philosophie des formes symboliques* signifie essentiellement une description pure libérée du souci de construction. A ce point de vue il est souvent plus proche de Husserl que de Hegel[2].

§. 1 - Sans doute, contrairement à son attente, le concept de *forme symbolique* ne fut pas reçu avec toute la clarté désirable. Dans ses exposés ultérieurs – les principaux sont réunis dans le recueil *Wesen und Wirkung des Symbolbegriff,* Oxford 1956 – Cassirer est revenu en détails sur le concept de forme symbolique. A dire la vérité il se trouvait une difficulté : pour beaucoup le symbole signifiait

1. On sait que Cassirer avait promis d'autres analyses, par exemple celle de la forme symbolique de la religion. Quoi qu'il en soit sa philosophie, ne comprenant pas d'ordre historique, était une philosophie *ouverte* à d'autres analyses (ce qui le différencie de Hegel cherchant la clôture).

2. E. Husserl, *Phänomenologische, Psychologie* (H, GW, IX) 67, PSF, I, 255 (je cite désormais l'éd. française de l'ouvrage de Cassirer).

l'*imagination* et le concept l'*intelligence*. On voyait mal comment une *forme* pouvait être l'unité du libre processus symbolique et de la démarche nécessaire de l'intelligence. Le moment symbolique semblait exclure le concept, et le concept le moment symbolique. Quant au mot par exemple, déterminé comme symbole, on voyait mal son rapport à la conceptualité. Ce dualisme, au moins apparent, a rendu difficile la lecture de la *Philosophie des formes symboliques*. Certains, comme Maurice Merleau-Ponty[1], n'y virent qu'une philosophie et une phénoménologie intellectualistes. D'autres reprochèrent à Cassirer de « traîner vers le bas » l'idéalisme de Marbourg. Les hégéliens constatant l'absence de toute spéculation dialectique ne comprirent même pas le sens de l'adhésion de Cassirer à la philosophie hégélienne.

On eût sans doute évité ces méprises en partant de l'interprétation fournie par Cassirer du schématisme transcendantal kantien en 1907. Il avait reconnu le sens de la *représentation* – c'est elle qui joue le rôle de forme – d'un procédé pour procurer à un concept son image. Cassirer a limité très vite sa définition en ne retenant plus comme forme que le processus de l'imagination, et le divers fut déterminé comme l'ensemble des données fournies par les sens. On peut et l'on doit juger cette définition de Cassirer comme psychologique, et beaucoup de ses analyses sont psychologiques tandis qu'il montre la variété unie dans l'unité de la forme, mais il savait les limiter. Caractéristique est à ce point de vue le très bref résumé de l'histoire du nombre donné dans le texte intitulé *Der Begriff des symbolischen Form*[2] *im Aufbau der Geisteswissenschaften* et qui aboutit, en passant par les nombres imaginaires, à Dedekind affirmant toujours avec plus de vigueur que le système des nombres doit être compris comme système de

1. M. Merleau-Ponty, *Phénoménologie de la perception*. J'ai repris les thèses de Cassirer dans mon travail *Le débile mental dans le monde du travail*, réédité en 1978, *Editions scientifiques et psychologiques*.

2. In *Wesen und Wirkung des Symbolsbegriffs*. Sur Dedekind, cf. Natorp. LGW, 176.

«libres créations de notre esprit»[1]. Parfois aussi Cassirer savait montrer comment le symbole passait pour la chose même. «Pour l'ensemble du début du dogme chrétien jusqu'au Protestantisme, jusqu'à Luther et Zwingli, ce fut une chose d'importance décisive, que dès le début le concept de symbole s'unifia avec celui de sacrement et de mystère : Le symbole – comme l'explique par exemple Harnack à propos des croyances de ce temps – n'était pas en opposition avec la réalité objective, avec la manière de penser le réel; mais ce qui était profondément mystérieux, voulu par Dieu, s'opposait à ce qui était clair et naturel»[2]. Le nombre nous montre une pensée symbolique s'ouvrant sans cesse, – le dogme religieux nous montre une pensée symbolique tendant à se fermer. Il en résulte d'une part que la notion de symbole est une notion critique et d'autre part que dans la symbolisation il y a des strates que la temporalité rend plus ou moins accessibles à l'intelligence.

§. 2 - *Formes fondamentales et conceptions fondamentales de la logique, logique analytique et synthétique, logique de l'identité et de la relation.*

Dans la *Philosophie des formes symboliques,* Cassirer a expressément fait mention de la définition kantienne du schématisme transcendantal dans un passage stratégique (PSF, I, 154). C'est de ce point de vue que nous devons aborder son texte brillant intitulé *Zur Logik des Symbolsbegriffs*. Remontant aux origines de la logique Cassirer montre comment le flux héraclitéen devait se solidifier dans l'*identité* des Eléates et de Parménide. Mais adhérer à la logique éléatique c'est reconnaître que la pensée n'est pas libre pour le *devenir* et on connaît les apories de Zénon toutes dirigées contre une pensée du *devenir*. Mais avec cette logique le monde phénoménal tout entier s'en allait au

1. *Ibid.*, 186. Cassirer cite aussi les *Principes mécaniques* de H. Herzt.

2. *Ibid.*, 189. Harnack, *Lehrbuch der Dogmengeschichte,* I, 198 (3e éd.).

fondement. Platon devait reconnaître le bien fondé de la thèse parménidienne : il n'est de vérité que de l'Etre absolu et il définit comme on le sait en ces termes le savoir phénoménal : « de même que le devenir est à l'Etre, de même la croyance se rapporte-t-elle à la vérité » (*Timée*, 29 C).

Platon ne pouvait cependant en rester à la logique éléatique. Prévalait en effet dans la doctrine des Idées un autre rapport que celui envisagé par la logique éléatique : celui de l'Unité et de la Pluralité. Si l'on posait l'Unité comme l'*être* au sens absolu, il ne restait pour le multiple que la catégorie de la négation et, ce faisant, Platon se fût à la fois interdit le monde des Idées et celui des phénomènes qui exige le principe de la *différence*. Platon n'est pas moniste comme Parménide ; il est décidément pluraliste – le monde de la vérité ne forme par conséquent pas pour lui un bloc sans fissure, mais une multiplicité de positions, chacune différente des autres, ne retenant de l'éléatisme que cette identité intellectuelle et ontologique qui loin de supprimer les relations les fonde en déterminant avec précision leurs points de départ. Sans doute, les Idées étaient des unités logiques ; il ne s'ensuivait pas que le pur être exclût toute *relation* à un “autre”. Mais comprendre comment cette relation était *possible* et comment par là elle pouvait devenir le contenu d'un savoir rigoureux, c'était là un difficile problème que Platon n'aborda que dans ses dialogues tardifs (*Parménide, Sophiste, Philèbe*)[1]. Pour Platon la solution finale fut que la catégorie de la différence devait être reconnue comme catégorie logique : le ταὐτον n'allait pas sans l'ἕτερον, et conformément à la terminologie et à la tradition éléatiques il fallait dire l'être -autre comme non-être et l'ἕτερον comme μὴ ὄν. Quant au but propre de la logique il devient la κοινωνία τῶν γενῶν si bien que la logique *analytique* se renverse en logique *synthétique*.

1. Cassirer a traité de ces dialogues in *Theoria*, II, Heft 2, 212 et suiv.

Ces thèmes sont importants. Ils montrent qu'au fond Cassirer a toujours pensé que nos concepts essentiels étaient des concepts remontant à l'antiquité et que les objections ne se modifiaient guère. Rien ne lui paraît «plus difficile qu'une élucidation de la nature des concepts de relation»[1] Examinant les thèses de son critique Marc Wogau, Cassirer lui reproche de ne pas comprendre la structure synthétique qui fait du concept par exemple une unité de sens (*Sinn-Einheit*) et une *unité de totalité* (*Sinn-Ganzheit*). Il reproche à son critique de retomber dans la logique *analytique* des Eléates et il renverse l'argument : c'est au critique qu'il appartient désormais de fonder la relation.

§. 3 - *Eléments principaux pour le problème du symbole – forme et matière de la connaissance.* «La philosophie des formes symboliques ne veut pas être une Métaphysique de la connaissance, mais une phénoménologie de la connaissance. Elle prend donc le mot : "Connaissance" dans son sens le plus large et le plus compréhensif. Elle n'entend donc pas seulement saisir l'acte de compréhension scientifique et de l'explication théorique, mais elle veut saisir toute activité intellectuelle (*geistig*) en laquelle nous édifions un monde dans sa figure caractéristique, dans son ordre et en son "être-tel" (*So-sein*).»[2]. De même que le grand progrès de la *Critique de la Raison pure,* consistait à ne pas partir d'un monde tout fait où le sujet empirique s'opposerait toujours déjà à l'objet tout fait – de telle sorte que toute médiation était inconcevable, le grand mérite de la critique de la culture ambitionnée par Cassirer consistera à remonter aux conditions de possibilité qui rendent effectivement concevables le sujet et l'objet. Mais plus large que la *Critique de la Raison pure* la Philosophie des formes symboliques trouvera des unités de sens, le Moi et le Monde, dans une diversité que

1. In *op. cit.*, 207.
2. *Wesen und Wirkung des Symbolbegriffs*, 208.

ne saurait concevoir le criticisme lié à l'ordre du temps[1]. Cassirer énumère le mythe, l'art, la connaissance théorique, quant au langage il sera conçu comme un type d'objectivation général que les mathématiques pourront poursuivre et déterminer. Ici se place une objection irréfutable : Cassirer n'a pas rempli son programme. Ouvrons la *Philosophie des formes symboliques :* elle traite du langage (T. I), du mythe (T. II) de la science (T. III). Il n'a donné ni la phénoménologie symbolique de l'art, ni celle de la religion. On peut penser que la symbolique de la religion était au fond donnée avec celle du mythe. Mais on ne voit pas ce que Cassirer fait de l'art. Et de fait dans son *Essai sur l'homme* il a lié mythe et religion, mais a réservé une place distincte et spécifique à l'art.

Mais peut-être, si vaste que fût son esprit, Cassirer n'était-il pas pour cela d'un tempérament encyclopédique comme Diderot. Il lui suffisait peut-être de réussir des "percées" décisives – par exemple sa théorie du mythe – pour engager des chercheurs dans des voies différentes de celles qu'il avait explorées. C'est ce qui sépare le philosophe du métaphysicien seul en son chemin. Mais Cassirer croit rencontrer ici-même une forte objection : « S'il est vrai que toute objectivité, que tout ce que nous nommons intuition objective ou encore savoir, ne nous est jamais donné que dans des formes déterminées et que c'est par celles-ci seulement que cela nous est accessible, alors nous ne pouvons jamais dépasser cette sphère – et toute tentative pour la considérer en quelque sorte du "dehors" est dès l'origine sans espoir »[2].

Nous serions donc liés à la signification et à l'action immanente. « Mais s'il en est ainsi, réplique Cassirer, il resterait très problématique de savoir selon quel droit nous pourrions élaborer en général un concept opposé et un concept corrélatif en vue d'une pure forme. Si nous parlions

1. Cassirer, *Essai sur l'homme*, voyez la discussion de Bergson, p. 149 et sur l'art, 240.

2. *Wesen und Wirkung des Symbolbegriff*, 209.

d'une matière de « la réalité qui pénétrerait » dans la forme et qui serait formée par elle, cela semblerait n'être rien d'autre au premier abord qu'une métaphore ». Aussi Cassirer affirme : parler d'une *simple* "matière", en tant que quelque chose (*Etwas*) qui posséderait pour ainsi dire le statut d'étant nu (*nur ein nacktes Dasein*), sans avoir été déjà soumis à quelque forme, signifie parler de quelque chose qui ne nous a jamais été donné. Cassirer réfute le pur *Etwas* comme simple abstraction. Peut-on indiquer une "matière", une étoffe du réel indépendante de lui ? Ici nous rejoignons le problème de la logique synthétique.

Impuissant à réfuter Cassirer sur le plan initial des relations de la forme et de la matière, comme il s'était trouvé impuissant à réfuter l'instauration de la logique synthétique, son critique, prenant les choses à rebours, l'a blâmé de n'avoir point su donner une réfutation précise du sensualisme. On s'expliquerait mal cette objection sans l'orientation souvent psychologique du discours de Cassirer. Comment, demande ce dernier, comprendrait-on une *séparation réelle* entre la "présence" et la "représentation", « puisqu'aucun phénomène n'est jamais un pur *Datum* absolument sensible ». Cassirer prend au sérieux la question du sensualisme. Est-il vrai que, parce que nous sommes incapables de briser la perception en deux morceaux, nous soyons aussi incapables de distinguer en elle deux moments différents ? Ou inversement cette dualité des moments n'appartient-elle pas à l'état non falsifié de la perception et de son fond phénoménologique ?[1]. Face à cette objection Cassirer – qui y voit bien la logique synthétique mise en jeu comme la notion de forme – fait intervenir la thèse kantienne : « Ce que j'accorde au sensualisme et ce que j'accorde à toute philosophie pure de l'expérience est la proposition suivant laquelle des concepts sans intuition sont vides » (AK. III, 75). Loin de nier le sensible, la *Philosophie des formes symboliques*, soucieuse par exemple des struc-

1. *Wesen und Wirkung des Symbolbegriff*, 210, je résume.

tures du mythe et de la religion, veut saisir ces mondes dans leur réalité sensible, réalité vue, entendue, donnée par le tact. Accuser la pensée symbolique de laisser subsister le sensualisme, c'est une compréhension qui se caractériserait par le contre-sens de voir dans le sensible même pas un moment privé d'autonomie, mais à l'hypostasier comme un *Elément*[1]. On pourrait au-delà de cette critique mettre en question les "relations" entre la "forme" et la "matière". Ces questions trouvent pour Cassirer leurs réponses dans le champ de l'expérience phénoménologique. Il mentionne une expérience propre. Il avait aperçu un complexe de lignes qui devait s'organiser en un ornement, porteur de toute une signification mythique et religieuse et élaboré selon un style[2]. Non seulement la matière est phénoménologiquement liée à la forme, mais elle participe étroitement de son devenir, au point que c'est le regard qui est séparation, qui est ana-lytique. Mais ce re-gard ana-lytique n'a de sens que sous l'appréhension de la logique de l'identité posée comme norme absolue. Pour être sensualiste et conséquent il faut de Platon revenir à Parménide. Bien plus ! Qu'est-ce donc qui nous conduit à voir la matière ? Ce ne saurait être une "somme d'impressions" qu'il faudrait encore délimiter. C'est bien plutôt la ligne à l'intérieur de laquelle s'entrecroisent les déterminations de l'objet, et en même temps sur cette ligne s'imprime la dimension mythique ou religieuse.

Toutefois Cassirer ne s'est pas limité à cette critique du sensualisme qui soutient une mauvaise phénoménologie s'attachant à décrire la feuille *verte* de l'arbre comme un absolu. « Le psychologue découvre à côté du monde des

1. *Ibid.*, je résume. *Elément* est, souligné, en français dans le texte. Je persiste à penser, en ce qui me concerne, que la maxime de Kant d'après laquelle des intuitions sans concepts sont aveugles et des concepts sans intuitions vides, n'est pas le grand moment d'orientation empirique qui a entraîné Cassirer. Les déterminations psychologiques du schématisme me semblent plus décisives.

2. Cassirer s'est ici souvent reposé sur Gœthe, cf. *Freiheit und Form*, 216.

couleurs superficielles d'autres modes d'ordre phénoménal des couleurs. Sans nier le monde humain, la recherche physique doit en montrer les bornes.» Mais à côté de cette réfutation trop facile Cassirer a fait intervenir les travaux de Goldstein auxquels il s'est associé (PSF, III, 279), qui concernaient un malade frappé de cécité psychique et qui dans une certaine mesure réalisait – Cassirer apporte des restrictions – l'hypothèse idéale de la *tabula rasa* sur laquelle se fonde le sensualisme. Or justement toutes les récupérations du patient démontraient que l'on ne pouvait discerner un *Actus purus* distinct d'une pure *forma.* Tout au plus pouvait-on distinguer, au sens de Natorp dans son *Allgemeine Psychologie,* deux directions, l'une matériale, l'autre formelle, mais plus intéressantes par leur enchevêtrement que par leur orientation vers un pôle imaginaire.

Naturellement pour mieux réfuter le sensualisme Cassirer s'est appuyé sur la théorie du langage. Perception et langage signifient deux moments qui s'interpénètrent d'une part, qui d'autre part ne sont pas des structures postérieures à leurs prétendus éléments. Cassirer cite Humboldt, «le véritable créateur d'une théorie linguistique critique»[1] qui avait montré que toute phrase devait être saisie comme totalité organique. Humboldt avait montré qu'il fallait distinguer dans l'élément de la phrase le moment idéal et le moment matériel, sans outre-passer la *distinctio rationis*[2]. Ainsi les divisions rationnelles, divisions des idéalités, de la forme et de la matière pouvaient s'opérer. Dans la *Philosophie des formes symboliques,* à propos d'un problème concernant le *monisme,* Cassirer écrit de manière frappante que dès lors «qu'on a rétabli sans restrictions l'empirisme dans ses droits... il est facile de voir qu'en passant de Hegel à Haeckel, Schleicher n'a fait que changer une forme de métaphysique contre une autre. Fouler réellement la terre promise du

1. *Wesen und Wirkung des Symbolbegriffs,* 219.
2. *Humboldts Sprachphilosophische Schriften* (Ausg. Steinhal), Berlin, 1844.

positivisme était réservé à une nouvelle génération de savants qui, au lieu de partir d'une explication moniste ou évolutionniste générale du réel, tentèrent de saisir les problèmes méthodologiques de la linguistique dans leur spécificité, dans la clarté et la netteté de leur position particulière, et de les résoudre à l'intérieur même de cet isolement. » (PSF, I, 116).

§. 4 - *Idéalisme et intelligibilité.* Bien qu'elle reconnaisse tous ses droits à l'empirisme et justement peut-être parce qu'elle les reconnaît, la démarche des Formes symboliques peut revendiquer à la fois l'idéalité et l'intelligibilité les plus totales. L'idéalisme de Cassirer ne consiste nullement en un idéalisme ontologique comme chez Hegel, voulant ramener le réel significatif à la pensée. Mais il y a bien comme chez Hegel une souveraineté de la relation. Les choses n'existent pas en vertu des relations, mais c'est par les relations que les choses existent. Il le met en évidence à propos de la définition de l'objet mathématique : « Par la traduction en image d'un rapport qui appartient au monde des purs concepts nous avons comme contraint la pensée à sortir de son atelier secret[1] pour nous manifester immédiatement l'écheveau de ses combinaisons » (PSF, III)[2]. Mais ce n'est pas pour la chose en elle-même que la relation la produit. C'est aussi que, « tous les droits de l'empirisme reconnus », on peut rendre bonne justice à la thèse kantienne affirmant que notre esprit est fini et soumis à l'intuition sensible (*Ibid.*, III, 401). Sans recevoir leur réalité significative de l'objet sensible les relations ne seraient rien – mais c'est seulement par leur activité propre qu'elles mettent à jour le moment intuitif qui souligne leur souveraineté.

On pourrait penser dès lors que Cassirer s'enfermerait dans la sphère où l'intelligibilité semble la plus manifeste. Mais à son tour il reprend la thèse de Natorp et de Lask sur la

1. Allusion au “mécanisme secret” évoqué par Kant dans le schématisme transcendantal.

2. La référence à Manhke est celle de l'édition originale.

pan-archie du Logos. Porteuses de toute intelligibilité les relations ne sont pas pour autant les points fondateurs d'un panlogisme réduisant l'être à la pensée. Et cela est manifeste dans la mesure où, reconnaissant de grandes structures – le mythe, la langue, la religion, la science –, non seulement Cassirer évite de les assimiler les unes aux autres, mais au contraire tente de faire intervenir leurs coordinations réciproques, et admet à l'intérieur de chaque terme des transitions réciproques.

Mais cela est particulièrement intéressant par opposition aux thèses de Cohen et de Natorp, quand Cassirer parle de *catégorie* il est bien loin d'entendre une légalité fondatrice originaire. Non seulement il admet dans le mythe un centre d'intérêt variable – qui du point de vue de l'analyse n'a d'autre portée que celle d'être un centre lui-même susceptible de variations – mais encore il reconnaît que, si à la périphérie les mythes tendent à l'unité, ils n'en sont pas moins séparés par des catégories complexes. A cela s'ajoute la considération que les mythes, au moins dans leurs formes fondamentales originaires, sont animés par une volonté d'intelligibilité pour ainsi dire totalitaire. Il leur faut alors briser ces relations originaires pour aboutir à des systèmes de relations plus complexes qui les limitent de l'intérieur pour commencer. Il y a donc chez Cassirer ce que l'on pourrait admettre comme un "jeu" des catégories et ce jeu, loin de tendre à confondre les catégories, réaliserait leur unité intelligible en les autorisant à se manifester au point le plus sensible où elles ont le maximum de force. Quittant quelque peu le sol de l'interprétation primaire, nous aimerions dire que la catégorie est chez Cassirer une *tension d'intellectualité*. Quant à ordonner abstraitement ces catégories, pourvu, comme le disait Leibniz, que «le concret se gouverne par l'abstrait», Cassirer ne s'en est pas soucié véritablement. Existe-t-il douze, quinze ou vingt catégories, même s'il se réclame de Kant, une telle question n'a plus de sens pour Cassirer. Et cela signifie qu'avant de se démontrer en soi-même – si ce n'est par son histoire[1] – l'esprit dans la *Philosophie des Formes symboliques* se définit dans son œuvre comme œuvre sienne et démontrable. De ce point de vue il n'y pas de limite au concept d'*intelligibilité* chez Cassirer.

§. 5 - *Hegel et Cassirer.* L'auteur de la *Philosophie des Formes symboliques* s'est souvent réclamé de Hegel – ce qui chez un post-kantien ne laisse pas de surprendre. C'est ainsi qu'il achève sa dissertation : *Le concept de forme symbolique dans l'édification des sciences de l'esprit*[2], par une citation empruntée à la *Phénoménologie de l'Esprit* de Hegel. Dans le tome 2 de la *Philosophie des Formes symboliques* Cassirer donne une longue citation de l'introduction de Hegel à la *Phénoménologie de l'Esprit.* Le tome 3 comprend une citation de la préface à celle-ci. – Ce que Cassirer reprochait à l'idéalisme critique était précis : « La méthode transcendantale requiert... elle aussi une Systématique complète des concepts fondamentaux, reposant sur des principes aprioriques ; mais elle ne comporte aucun principe systématique de déduction grâce auquel un concept se développe à partir d'un autre. Les conditions singulières de la connaissance, comme l'espace et le temps, les catégories, sont... rassemblées seulement par leur commun rapport à la "possibilité de l'expérience" comme à l'unique problème fondamental de la connaissance »[3]. Or c'est ce mouvement des concepts, qui les conduit à se dépasser en s'éclairant d'une manière à la fois prospective et rétrospective, que Cassirer a découvert chez Hegel comme il l'explique clairement. Et c'est en ce sens large – et soumis à moins

1. On sait que Cassirer, avant de traiter son sujet, aime en faire l'analyse historique philosophique.

2. In *Wesen und Wirkung des Symbolsbegriff*, 200.

3. *Le problème de la connaissance dans la philosophie et la science des temps modernes, traduction à l'initiative du Collège de Philosophie*, Presses universitaires de Lille, 1983. Cette critique du système de Kant est parfaitement nouvelle par rapport à l'exposé de 1918 sur la doctrine de Kant.

d'erreurs de lecture que celui de *psychologie* – que Cassirer dans la *Philosophie des Formes symboliques* a repris le terme *phénoménologie*, prenant bien soin de préciser qu'il ne l'entendait pas à la manière "moderne", c'est-à-dire celle de Husserl – qu'il ne méprise pas cependant. Ce qui le séduisait chez Hegel n'était évidemment pas le contenu d'une ontologie dialectique englobant la phénoménologie qui en était l'accès, mais bien plutôt l'expression ouverte de totalités formelles signifiantes. Beaucoup plus que le processus dialectique hégélien procédant par mise en œuvre de sévères oppositions analytiques[1], figées dans des contradictions pures, c'est l'aspect de formes signifiantes – par exemple dans le drame d'Antigone et de Créon, des lois écrites et des lois non-écrites – qui a pu attirer Cassirer. Ce qui lui paraissait donc précieux était cette lecture approfondie des formes. Naturellement E. Cassirer ne put "sauver" la philosophie hégélienne de sa "Naturphilosophie" – *Naturphilosophie* dont l'effondrement commencé dès les années 1840 était devenu encore plus sensible en 1940, comme si Kant avait manqué le monde-de-la-culture et Hegel le monde-de-la-nature[2].

Le Langage

Dans *After Babel* George Steiner livre une réflexion à la fois justifiée et surprenante lorsqu'on s'en pénètre. En dépit de l'identité morphologique des cerveaux et d'une unité de l'organisation, ce n'est pas devant une langue que nous nous trouvons,mais environ six mille. Il existe donc une effarante opposition entre l'unité biologique et le nombre de struc-

1. Alexis Philonenko, *Etudes kantiennes*, II. Chez Cassirer, totalement opposé à Hegel, le contradictoire n'est qu'un contraire encore caché. Et le passage de l'un à l'autre est la mise en lumière d'une unité synthétique de sens.

2. Ajoutons un point : dans sa description du système hégélien, Cassirer fut obligé de développer les catégories hégéliennes d'après la *Science de la Logique*. On doit à la vérité de dire que, clair, l'exposé n'est pas enthousiaste.

tures linguistiques presqu'indéterminé. Certains penseront qu'une telle diversité abolit la réflexion – ce n'est sans doute pas vrai. En revanche la communication authentique paraît exclue.

§. 1 - En dépit de la diversité indiquée, Cassirer, sans pour autant croire à une philosophie *déductive* du langage, a jugé indispensable une thématique réflexive. Problèmes – par exemple rapport à l'espace et au temps – et structures s'entrelacent de manière cohérente. D'une part, après beaucoup, Cassirer a nettement distingué le langage émotionnel animal du langage humain de désignation : « Car aucun animal ne franchit le seuil au-delà duquel le mouvement de préhension se transforme en geste de désignation » (PFS, I, 131). Dans la désignation même imparfaite, s'inscrit déjà la possibilité de "dire" l'objet disparu de l'horizon visuel, et ce "dire" implique une forme symbolique complexe se rattachant au souvenir de l'être particulier "vu" et à son "sens", ou sa forme. D'autre part Cassirer a exclu au fondement du langage le processus d'imitation. Pour que l'imitation possède une valeur spécifique il faut que toute liberté mentale soit anéantie, de telle sorte que la spontanéité évanouie, le moi ne soit plus qu'un processus de répétition. L'expérience ne nous autorise guère à faire état de tels langages mimiques. Les langages mimiques des peuples civilisés, par exemple le langage mimique napolitain[1] sont surchargés de "mouvements symboliques" (PSF, I, 132). Mallery toutefois dans *Sign Languages* cherche à démontrer dans le langage mimique des Indiens d'Amérique du Nord une « simple reproduction de phénomènes manifestement naturels » (I, 334). Selon Cassirer les thèses de Mallery devraient être reçues, si le langage observé était *seulement* une mimique mais, en ne tenant compte que de celle-ci, il faudrait considérer la fonction de désignation. Selon Cassirer Aristote même a vu comment l'élément mimique

1. Andrea de Jorio, *La Mimica degli antichi investigata nel Gestire Napolitano*, Naples, 1852.

dans le mot ne s'opposait pas à son caractère de symbole[1]. L'idée première selon laquelle la langue serait reflet et miroir s'effondre dans la désignation qui invertit le moment mimique.

Et sans doute les théories naturelles du langage n'ont pas manqué. De Démocrite jusqu'à Rousseau on soutient avec plus ou moins de vigueur « la thèse selon laquelle le langage humain a son origine dans certains sons de caractère purement émotionnel »[2]. Du point de vue émotionnel le langage marquerait plutôt une rupture avec l'idée d'une ou de plusieurs langues émergeant de la nature et se figeant dans l'expression humaine. On croit que plus le signe est proche de l'objet plus il est apte à l'exprimer : « plus le son ressemble à ce qu'il veut exprimer, plus il "est" encore lui-même cet autre, moins il est capable de le "signifier" (PFS, I, 140) ; « Le but de la répétition est dans l'identité, le but de la désignation linguistique est dans la différence » (*Ibid.*). « Le pas vers le langage humain – Aristote a été le premier à l'affirmer – n'est fait que lorsque le pur son de signification a pris résolument le dessus sur le son traduisant un affect ou une excitation ». Différenciant les choses, le mot doit se différencier organiquement en soi. Cassirer cite Humboldt : « L'accord des langues avec l'histoire débute avec leur spiritualisation, au moment même où elles perdent de plus en plus leur forme. La section scientifique est donc à la différence de l'historique systématique. » (PFS, I, 114)

Dans la forme symbolique à l'œuvre dans les premières langues, Cassirer distingue trois moments ; d'une part l'expression mimique, d'autre part l'expression analogique, enfin l'expression symbolique elle-même, qui correspondent

1. Aristote, *De Interpretatione*, 2, 16 à 27. La bonne distinction entre *imitation* et *symbole* se trouve chez Ammonius in *Commentar. Aristotel. De Interpret.* f 15 b (Scholia in Aristot. ed. Acreg. Borrus, p. 100).

2. E. Cassirer, *Un essai sur l'homme*, Paris, 1975, 166. *Essais sur le langage, Le Langage et la construction du monde des objets*, 1969, Paris, 45.

à des orientations dosées selon la répétition, la ressemblance et la différence – le facteur commun, celui qui fonde le développement est bien entendu celui d'*expression*. Il serait délicat, à notre sens, de rapprocher cette répartition de la déduction transcendantale kantienne, comprenant la synopsis des sens, l'imagination., puis l'aperception transcendantale. Mais si l'on veut par là mettre en lumière "la légalité fonctionnelle" – *funktionale Gesetzlichkeit* – de la genèse de la langue allant de la mimique à l'expression de la différence, rien n'est plus fécond, car ainsi est énergiquement soulignée l'unité nécessaire du développement linguistique, qui ressemble à tout sauf à un dessin fait au hasard. – Le point de départ, celui où la désignation est toute sensible, voit le langage comprendre des termes ne pouvant signifier qu'une seule chose. Cassirer a relevé comment « Westermann, dans sa grammaire de l'éwé, ne dénombre pas moins de trente-cinq de ces images sonores pour le seul verbe *marcher*. » (PFS, I, 141). Mais loin de se composer en un tout inorganique ces moments premiers sont appelés à s'intégrer à une fonction – très vite on ne peut plus distinguer « de ressemblance directe ou matérielle entre la forme et la nature de la relation et les sons qui les figurent » (PFS, I, 144), et l'espoir philosophique de composer avec le primordial une langue universelle s'évanouit. Disciple de Leibniz, mais surtout de Humboldt, Cassirer n'a pas écarté cette hypothèse de "l'origine du langage" (PFS, T. I, 143). Humboldt a donné des séquences où l'identité primitive est indéniable : *wehen, Wind, Wolke, wirren, Wunsch* (AK. VII, I, 77). Ici la pure fonction de signification adhère entièrement à la tonalité sensible et n'en est pas dissociable.

Le second moment, l'expression analogique, correspond à la ressemblance. Cassirer a rencontré quelques peines ici. C'est le cas des moments intermédiaires toujours attirés vers le bas et toujours aspirés vers le haut. Il choisit dans l'œuvre de Jacob Grim son exemple : celui-ci a « essayé de montrer que, par exemple, les sons qui sont utilisés dans les langues indo-européennes pour former les termes qui servent à répondre ou à interroger sont en corrélation très étroite avec la signification spirituelle de la question» (PFS, I, 144). Jouerait alors le principe du Même et de l'Autre dans la spécification de la question, et la fonction serait sous entendue à la ressemblance. «De la même façon, note Cassirer, certaines consonnes et certains groupes de consonnes servent "de métaphores naturelles"» (PSF, I, 144). Mais justement en ce point où une multiplicité de moments interviennent, la fonction dépasse «le seuil des moyens purement esthétiques» : c'est moins l'objet singulier qui doit être visé que sa place à l'intérieur d'une relation où se trouvent les déterminations qui fixent sa véritable individualité. Bientôt l'opération n'aura d'autre sens que de fixer une relation synthétique permettant la détermination, mais valant pour soi.

Cette relation se précise selon Cassirer, par la seconde étape : l'expression analogique. Or, citant Humboldt traitant des langues de l'Indochine (Ak. Bd VII, I, 300), il montre que les langues indo-chinoises cherchent à conserver la relation sans perdre la tonalité sensible. «La force (*Stärke*) et la vivacité, écrit Humboldt, sont justifiées et valorisées par l'intimité avec des langues plus parfaites» (AK. Bd VII, I, 310). Cassirer voit ici la fonction déterminer la variété sensible. Aussi bien la répétition qu'on découvre à ce stade n'est plus celle qui inaugurait le processus. Maintenant la répétition s'effectue, symboliquement, au sein de classes et d'ensembles dans les langues où manque le pluriel. La *même* action est signifiée en sa pluralité par le redoublement «qui exprime la disjonction distributive.» (PFS, I, 147). «De la signification itérative on passe aisément à la signification purement intensive (formation des degrés de l'adjectif et des formes intensives du verbe).» Plus la relation évolue et devient complexe, plus le particulier est déterminé ou, comme disait Leibniz, «les composés symbolisent avec les simples.».

§. 2 - Les grandes déterminations de la représentation sont, écrit Cassirer, «la création et l'organisation des termes d'espace qui ont servi de moyen terme au langage pour parvenir à la symbolisation du moi et à sa définition face à d'autres sujets» (PFS, I, 169). On ne saurait fournir une plus classique détermination de la direction transcendantale que Cassirer veut, dans la constitution du monde, conférer au langage. Ainsi l'espace médiatise la langue avec elle-même par la situation du locuteur et des choses. «Le nominatif n'a pu devenir le support de l'action que parce qu'il a reçu un signe distinctif de sa situation dans l'espace, une détermination spatiale» (PSF I, 158). Ce que vise ici Cassirer n'est pas seulement la constitution des personnes sur fond de "situations spatiales", il veut exclure du champ primordial deux concepts fondamentaux de la logique et de la métaphysique aristotéliciennes en désignant les processus fonctionnels. D'une part Cassirer précise : «Partout où la langue a organisé l'emploi de l'article défini, il apparaît que le but de cet article est de fournir une élaboration plus précise de la représentation de la substance, alors que son origine ressortit indiscutablement au domaine de la représentation spatiale... l'article défini est une formation linguistique relativement tardive...» (PFS, I, 158). Ce qui est le premier, comme l'a vu Humboldt, ce sont les démonstratifs d'espace et les personnes (le "moi", le "toi", le "lui" – *hic, iste, ille*). Il s'agit, commente Cassirer, des mêmes formes fondamentales de la "deixis" générale dont sont issues l'opposition de l'ici, du là et du là-bas ! (*Ich-Deixis, Du-Deixis, Der-Deixis*) (PFS, I, 155). La chose comme substance n'apparaît que dans l'horizon de la Deixis du *Ich* et du *Du* comme terme annonçant son anonymat comme *er*, Lui. Mais d'autre part Cassirer a voulu aussi éliminer de la constitution primordiale la pensée générale du but et de la fin. Ce n'est pas la question sur l'origine spatiale, "D'où", qui est déterminée par la pensée de la fin, c'est l'inverse. La question "Par quoi" conduit à la fin, non l'inverse. Il faut bien voir ce qui est ici en question : les locutions "D'où", "Par quoi" etc., définissent des fonctions abstraites symboliques s'entrecroisant : la question "D'où" (origine) renvoie à la question sur la cause "Par quoi" et la finalité au sens aristotélicien est éliminée dans la mesure seulement – car nous nous exprimons comme si nous étions à un niveau clair et complexe de la langue – où elle ne peut valoir par soi, mais seulement surgir de cet entrelacement. Mais ce qui pour Cassirer – et par là il pense enrayer la pensée aristotélicienne comme logique de la substance – est important est que « les autres relations participent toujours de la spiritualité, tandis que les apports spatiaux pourraient fournir à eux seuls le contenu d'une intuition. » (PFS, I, 164). Mais peut-être conviendrait-il d'en revenir aux conseils de Humboldt (AK., Bd VII, I, 111 et suiv.), tant les inversions sont concevables.

§. 3 - La détermination de l'espace comme fonction, s'autorisant expressément de la Révolution copernicienne (PFS, I, 154, 154-155, 157-158), renvoyant du sol originaire de la pensée la métaphysique aristotélicienne sous le rapport de la langue originelle – si l'on peut qualifier ainsi les mimiques enfantines à peu près identiques dans tous les peuples et se prolongeant dans des déterminations gestuelles précises – donne le ton. On voit comment Cassirer va traiter de *la représentation du temps* – du *développement linguistique du concept de nombre* et enfin du *langage et de l'intuition interne*.

1 – Que le langage ne parvienne à donner du temps une juste expression, cela s'explique par la nature même disparaissante du temps qui n'est jamais « contenu dans l'intuition immédiate ». Bien plus : « c'est... un phénomène très habituel qu'un seul et même mot serve à expliquer des relations spatiales et des relations temporelles » (PFS, I, 173). On observera aussi que les déterminations spatiales, comme l' "ici" et le "là" s'inscrivent d'elles-mêmes dans "la possibilité d'une simultanéité" (PFS, I, 173). Néanmoins la temporalité s'incrit au sein de la spatialité : la chose *lointaine* est la réalité se situant dans un avenir ou un passé lointain, et l'*action* comme la *pensée* – si tant est que l'on puisse séparer action et pensée – se contractent et se décontractent selon cette mesure. Assez proche de Bergson, Cassirer ne veut pas ici fixer des limites trop nettes : c'est dans un certain flux de

conscience vivante que se module l'avenir et que s'élabore le passé. –Mais Cassirer est l'héritier de Marbourg. Il revient à la théorie du temps fournie par Kant dans les *Analogies de l'expérience* franchissant d'un bond une histoire de la pensée et ce que Kant a démontré, c'est, dans la théorie de la causalité et de la substance, une conception du temps où, grâce au calcul infinitésimal, l'action peut être dite achevée ou inachevée. Le moment supérieur est celui qui dépasse la mécanique newtonienne en parvenant « au concept pur de la relation temporelle en tant que concept d'ordre abstrait... » (PFS, I, 175).

2 – *Le développement linguistique du concept de nombre.* Natorp dans son travail de 1910 avait écrit : « Il ne peut en effet y avoir pour la pensée rien de plus originaire qu'elle-même, c'est-à-dire l'acte de poser une relation » (LGW, 98 et suiv.). La phénoménologie de Cassirer l'oblige à s'opposer à une ligne de forces de l'Ecole de Marbourg. En s'enfonçant dans le sensible, la forme symbolique s'en libère dialectiquement. Le grand moment fondateur dans la compréhension du nombre comme série est le *corps*. « Les Ewé... comptent sur leurs doigts tendus, à partir de l'auriculaire de la main gauche, en pliant avec l'index de la main droite les doigts déjà comptés; après la main gauche vient de la même manière la main droite; puis on recommence tout depuis le début... » (PSF, I, 188). Natorp et Fichte avec lui diraient qu'ici la numération n'est possible que par la *pensée* de la relation, mais sans le corps cette pensée ne saurait s'articuler. Au demeurant la question de l'*origine* au sens kantien n'implique en rien un jugement sur la *valeur* de la connaissance comme l'explique le § 1 de la *Critique de la Raison pure*. Cassirer, qui sait combien on s'est moqué de ces dénombrements sensibles (PFS, I, 190), prend l'offensive : ici, en sa forme concrète, l'esprit atteint l'essence de la série. Naturellement les rapports déjà indiqués dans le "Moi", le "Toi", le "Lui" trouvent ici une nouvelle orientation féconde où temps et espace s'entrelacent étroitement.

3 – Or ce sont ces rapports mêmes, qui mettant en jeu l' "ego" nous invitent à le saisir dans la formation fonctionnelle du langage. « Je crois avoir justement montré dans une dissertation récente, écrit Humboldt, que les noms de personnes doivent être les plus originaires en chaque langue et que c'est une très fausse représentation que de concevoir le prénom comme une des plus anciennes parties dans la langue. C'est une manière grammaticale beaucoup trop étroite de la représentation du nom par le prénom qui a repoussé avec force de la langue cette vue créatrice. » (AK., Bd VII, I, 103-104). Cassirer reprend les thèses de Humboldt en ceci : est premier le locuteur qui dans son rapport avec la nature « ne peut se dispenser de lui opposer, même dans le langage, l'expression de son moi. » (PFS, I, 213) – L'intervention du pronom, du "je", pour radicale qu'elle puisse paraître n'est pourtant pas suffisante : l'intuition interne du soi s'opère à partir d'un réseau complexe de significations où le corps propre joue un rôle éminent. Il faut ajouter ici que les déterminations sociales et religieuses ont un apport significatif. Le latin *persona* signifie originairement le visage ou le masque de l'acteur[1]. Le sanscrit védique et classique rend le mot "moi" et le "je" tantôt par un mot signifiant "âme" (*atman,* en allemand le "souffle" *atmen*) tantôt par un mot signifiant "corps" (*tanu*). Les fonctions du langage sont ici très étendues si nous songeons aux relations sociales et en particulier à celles qui déterminent la politesse (en certains pays le "Je" n'est pas autorisé devant un supérieur). De là des détours linguistiques autour des pronoms premiers (Que pensera Madame... !). Cassirer a réuni de nombreux éléments pour montrer comment émerge l'intuition intérieure du moi à travers ces réseaux complexes. Mais dans la plupart des cas il a vu à la source de la genèse du moi comme intériorité pour soi les actes par lesquels il s'oppose « à la réalité objective, désire,

1. Le terme de *persona* est encore l'objet de nombreuses recherches. Désigne-t-il la personne ?

exige, doute, interroge» (PFS, I, 221). Le foyer où s'allume le sentiment du moi est bien entendu, l'action sur l'objet et «de nombreuses langues, relativement indifférentes à la distinction de l'actif et du passif, marquent très exactement, au lieu de cela, les degrés de cette intervention et son caractère plus ou moins direct.» (*Ibid.*). – Mais enfin Cassirer a posé une limite. Il ne croit pas à un progrès qui du langage conduirait au Moi de Schelling – il prend bien soin de ne pas citer Fichte – qui se saisit comme "identité pure". Le Moi ne saurait être conçu détaché de son monde[1]. En revanche l'expression dynamique de la représentation du moi est, beaucoup plus qu'une expression nominale et objective, proche de l'idée du moi comme pure unité formelle. C'est que le point d'absolue égoité auquel seul peut convenir une prétendue intuition transcendantale est une réalité plus difficile à atteindre qu'une activité –certes non représentable – mais pensée comme l'unité synthétique de l'aperception chez Kant, qui dès les premiers niveaux définit l'unité de la conscience jamais atteinte puisque visée à travers le simple sensible, jamais dépassée car c'est en elle et par elle que les structures s'accomplissent.

§. 4 - *L'expression de la pensée conceptuelle dans le langage.* Toute langue n'est pas logique et toute logique n'est pas langue. On devrait, afin d'indiquer les difficultés présentées par l'expression de la pensée conceptuelle dans le langage, développer ce thème. Pourquoi l'*expression* est-elle indispensable? C'est que , sans elle, un objet ne saurait être situé et saisi. Selon Cassirer Lotze a bien déterminé la première universalité en la distinguant bien «des concepts génériques habituels de la logique» (PFS, I, 251). Lotze montre que cette première universalité est opératoire. A propos d'un «certain nombre de représentations singulières... connues» nous demandons une série d'opérations (association, séparation, mise en relation). L'unité qui se dégage est une unité opératoire. Mais en ce qui concerne les

1. Voyez mes travaux sur Fichte.

couleurs par exemples, Lotze ne croit qu'à une universalité seconde. Toutefois Lotze n'a pas été entièrement conséquent. Dépendant malgré tout de la logique de Port-Royal, il a cru l'universalité seconde pratiquement impossible dans la mesure où l'on voit pas clairement comment "ce" bleu se range sous *le bleu.* Mais c'était donner à la logique – réflexion dogmatique sur la langue – une priorité qu'elle ne possède pas. « Un objet, écrit Cassirer, quel qu'il soit, n'est pas nommé selon l'espèce à laquelle il appartient... Le travail de l'esprit ne consiste pas à placer le contenu sous un autre contenu, il consiste à le spécifier en tant que tout concret... et en en faisant le point sur lequel se dirige l'attention. » (PFS, I, 252). Ce n'est pas la généralisation qui rend possible la spécification, c'est au contraire cette dernière qui prépare des unités de sens qui permet au langage de donner "un nom" (PFS, I, 253)[1].

Quant à l'expression du concept, on en voit à présent l'importance. Relation poussée à l'extrême, il doit pouvoir exprimer à son tour les relations. Principe d'élaboration la relation doit se réfléchir en soi.

§. 5 - *Langage et expression des formes pures de relation.* Humboldt écrit « Il est impossible de se représenter une langue commençant par la désignation des objets par les mots et s'élevant de là jusqu'aux liaisons » (AK., Bd VII, I, 72). Cassirer poursuit la citation : « La réalité, c'est que le discours n'est pas l'accumulation de mots qui lui préexistent, ce sont les mots qui, au contraire, procèdent du tout du discours. » Certes le primat de la relation semble être combattu par le *Chinois* où « le fait qu'un substantif soit utilisé à tel nombre ou tel cas, un verbe à tel ou tel genre, temps ou mode ne s'exprime d'aucune manière dans la structure phonétique du mot » (PFS, I, 277). Certains crurent y trouver la preuve de « l'époque originaire de la formation du langage où tout discours humain consistait

1. Cassirer n'a pas retenu ici la solution présentée par Bergson dans *Matière et Mémoire* (éd. du Centenaire) p. 296 et suiv.

encore en une juxtaposition de “racines” simples et monosyllabiques. » (*Ibid.*)[1] En fait une analyse plus approfondie décèle dans le *Chinois* non seulement des formations par agglutinations, mais d'authentiques flexions (déclinaisons). Mais, rétabli, le primat de la relation semble, selon Cassirer se fonder par les suffixes, «qui servent dans les langues à flexions, pour exprimer la qualité et la propriété, la nature, l'essence, etc.» (PFS, I, 279). Le suffixe paraît condamné à perdre son expression concrète pour signifier un rapport. «En Allemand l'évolution des suffixes *-heit, -schaft, -tum, -bar, -lich, -sam, -haft,* en est un bon exemple. Le suffixe *-lich,* un des moyens principaux de la formation des concepts adjectifs, renvoie directement à un substantif *lîka* (*Leib, Körper,* “corps” en français).» (PFS, I, 279). Le rôle du suffixe, son utilisation même, le fait qu'il désigne non plus une chose, mais une relation propre à cette chose, tout cela «le prépare à la désignation linguistique des purs concepts de relation» (PFS, I, 280). D'une manière générale les langues à flexions comprennent un rapport de l'analyse (une composante qui ne sert qu'à désigner objectivement le concept) et de la synthèse (une autre composante, une catégorie déterminée de la pensée permettant de le caractériser comme “substantif”, “adjectif”, “verbe”, “sujet”).

Là où Cassirer, après bien d'autres, – il cite naturellement Humboldt (AK., Bd VII, 233) – découvre le sommet du langage c'est dans la longue articulation bien coordonnée du discours où les phrases, loin de se suivre comme des unités élémentaires pour soi, se portent et s'unifient comme si

1. L'écrit le plus connu de Humboldt sur la langue chinoise est la *Lettre à Monsieur Abel-Rémusat, sur la nature des formes grammaticales en général, et sur le génie de la langue chinoise en particulier*. AK., Bd V, 254-308. « J'ai observé plus haut, écrit Humboldt, que la forme particulière dans laquelle la langue chinoise circonscrit ses phrases, est la seule compatible avec une absence presque totale de formes grammaticales » (293). Mais il n'en déduit pas l'absence de grammaire cf. p. 292. Cf. aussi *Ueber den grammatischen Bau der Chinesischen Sprache,* V, 309 et suiv.

chacune était la clé de voûte de l'ensemble. Plus parfait est un discours, plus claires et manifestes sont les relations. Mais – en dépit de l'ingénieuse référence au *De Elocutione* de Demetrius – Cassirer reconnaît que beaucoup de langues n'ont pas assez de profondeur pour détacher les propositions subordonnées, si bien que pour nous «la structure de la phrase est un complexe de type adnominal» (PFS, I, 284). Toutefois la différence est plus de degré que de nature et l'expression investit la relation.

§. 6 - *A propos de l'ontologie.* On a vu comment, achevant sa réflexion sur la logique analytique de Parménide et la logique synthétique de Platon, Cassirer semblait définir la philosophie par rapport à son langage ; il a convenu au terme du premier volume de la *Philosophie des Formes symboliques* de l'indétermination suprême des grands concepts et en particulier de l'Etre. Il fait observer qu'au début de la *Doctrine de la Science de 1794,* Fichte prend bien soin de distinguer l'être absolu et l'être prédicatif. Dans la proposition logique A est B, les termes sont radicalement indéterminés et c'est même cette indétermination qui d'une certaine manière fait leur valeur, au moins opératoire. En revanche l'Etre absolu est un concept fondamentalement équivoque. Désigne-t-il par exemple, comme chez tant de philosophes, un *Etre* où bien signifie-t-il un *Acte,* qui serait une relation, dût cette relation se réfléchir en soi-même ? L'Etre est-il chose ? ou devenir ? Et en admettant ces questions solubles (en dehors d'une *Logique de la connaissance pure,* qui, comme on le sait, part du *néant*) quel sens conviendrait-il de donner aux concepts connexes de *Wesen* (en principe l'*essence,* mais aussi souvent l'*être* comme chez Feuerbach, qui pense aussi Etre) et existence ? La thèse kantienne suivant laquelle l'*être* n'est pas un prédicat – bien entendue évoquée par Cassirer insistant sur "le sens pur de la copule"[1] – a apporté beaucoup de clarifications. Cassirer, bien compris, ne juge pas aussi décisive qu'on le pourrait

1. Voir mon édition de *Foi et Savoir* de Hegel.

penser la thèse de Kant. Celui-ci dans le § 1 de la *Critique de la Raison pure* discerne "commencement" et "origine". Toutes nos connaissances "commencent" *avec* l'expérience, mais cela ne signifie pas que toutes aient leur "origine" *dans* l'expérience. Cassirer donne le commentaire suivant : « Si, dans la genèse du langage, le sensible et le spirituel semblent être indissociablement mêlés, cette *corrélation* en tant que telle ne peut fonder entre les deux un rapport de dépendance simplement unilatérale » (PFS, I, 293). La thèse kantienne sur l'Etre en laquelle on voyait l'achèvement de la métaphysique est à reprendre au point de vue d'une philosophie radicale de la relation.

Le mythe

« Tout de même que l'humanité ne pouvait pas être plus décisivement unie et maintenue en un immuable repos que par l'unité inconditionnée du Dieu, auquel elle était soumise, d'un autre côté on ne saurait concevoir un ébranlement plus puissant et plus profond que celui qui dut se produire, rendant l'Un jusque là immobile mobile, et cela d'une manière inévitable dès qu'un ou plusieurs autres Dieux pénétrèrent la conscience ou émergèrent »[1]. Par ces quelques mots Schelling a su retrouver l'unité spirituelle et émotionnelle mythologique qu'aucune analyse des formes symboliques ne saurait négliger. Dans une étude critique M. Heidegger a attiré l'attention du monde scientifique sur la contribution de Cassirer – *Das mythische Denken*[2] – et montré les lieux de discussions catégoriques.

§. 1 - Il n'était certes pas dans l'intention de Cassirer d'engager une discussion sérieuse avec Schelling. Mais il ne pouvait demeurer insensible à certaines de ses formules : « Ce n'est pas aux *choses* que l'homme a affaire dans le

1. Schelling, SW (Schröter) Bd VI, 106.

2. Ernst Cassirer-Martin Heidegger. *Débat sur le Kantisme et la Philosophie* et autres textes de 1929-1931 présentés par Pierre Aubenque, p. 85-100.

processus mythologique, mais à des *puissances* qui se dressent à l'intérieur de la conscience et aux impulsions desquelles il se meut. Le processus théogonique qui donne naissance à la mythologie est un processus *subjectif* pour autant qu'il se déroule dans la conscience et se manifeste par la formation; mais les causes et par conséquent aussi les objets de ces représentations sont les puissances théogoniques *réelles* et en *soi,* les mêmes sous l'influence desquelles la conscience est primitivement celle qui pose Dieu. Le contenu du processus est formé, non par des puissances *simplement représentées* mais *par ces puissances mêmes qui créent la conscience,* et, celle-ci étant le terme de la nature, elles créent la nature elle-même et sont par conséquent des puissances réelles. Le processus mythologique n'a rien à voir avec les *objets naturels,* il s'accomplit sous l'action de pures puissances créatrices dont la conscience elle-même est la première création.»[1]. Le texte de Schelling est clair. D'une part le processus théogonique par lequel le monde mythique est engendré, est intérieur à la conscience, ou subjectif, et les formations de représentations le manifestent. D'autre part le contenu du processus n'est pas constitué par ces formations de représentations, mais par les moments dynamiques qui parviennent à engendrer la conscience même. Enfin sommet du processus, la conscience est ce qui pose Dieu.

Cassirer, à la vérité, ne pouvait recevoir ces thèses de Schelling. Mais certaines idées étaient précieuses. Que nulle part on n'eût affaire à des *choses* au sens vulgaire permettait d'aborder le mythe comme une dynamique classique intellectuelle et relationnelle. De même ce refus d'une conception causale "naïvement réaliste" ne signifiait en rien la négation du mythe comme légalité propre possédant au moins comme *Sinngebung* sa propre objectivité, d'autant plus que Schelling voyait dans la nature un prélude : «Nous ne voulons pas dire par là que la mythologie soit née sous l'influence de la nature, à laquelle l'intérieur de l'homme est bien plutôt

1. Schelling, *Ibid.*, 209. La traduction citée est à remanier.

soustrait par ce procès, mais que le processus mythologique s'est déroulé sous l'action des mêmes lois et a traversé les mêmes phases que celles qui ont présidé au processus de la nature. »[1]. Cassirer ajoutait que dans la démarche de Schelling, il y avait un dédoublement. En premier lieu, faisant de la conscience la créatrice de Dieu lui-même, il en fait l'unité synthétique où peuvent se lier ses faits et ses actions. Mais en second lieu le mythe devenait, pour parler comme Pascal, "une seconde nature" selon Schelling, permettant de retrouver dans la réflexion sa fonction authentique « qui est d'être la révélation de l'Absolu par lui-même » (PFS, II, 25). – La force de Schelling fut de renoncer au simple développement empirique qui, brassant sans soin ces "simples représentations", réduisait le mythe à n'être qu'une "forme naturelle" de l'esprit ne supposant, pour être compris, que la psychologie élémentaire et les méthodes les plus simples de la physique.

N'y avait-il pas une place pour une troisième voie écartant la métaphysique et la psychologie sommaire ? Jamais Cassirer n'a répondu comme il l'a fait ici en se rattachant étroitement aux thèses de Cohen. « On peut et l'on doit s'interroger sur "l'être d'une science"... d'un point de vue purement objectif... le même problème se pose pour toutes les formes de l'esprit. La question sur l' "essence" de ces formes n'est pas réduite au silence parce qu'on la transforme en interrogation sur leur genèse. Cette unité de l'essence signifie qu'on accepte pour l'art et le mythe comme pour la connaissance, *l'hypothèse d'une légalité universelle* de la conscience qui conditionne toute construction particulière » (PFS, II, 27). Hypothèse – légalité, Cassirer fait jouer les atouts majeurs de Marbourg, tout en reconnaissant que pour atteindre l'unité d'une "certaine forme culturelle" de l'esprit les méthodes de l'analyse *critique* (au sens kantien) se tiendront « à mi-chemin entre la déduction métaphysique et

1. Schelling, SW, Bd VI, 218.

l'induction psychologique » – en généralité d'essence et généralité de sens.

§. 2 - La première question que devait poser Cassirer était de savoir en quel sens on pouvait parler d'un objet de la conscience mythique – ou plutôt de la conscience mythique d'objet.

Or à la catégorie de *vérité* et à ses dérivés (PFS, II, 51) le mythe et la conscience mythique substituent la notion de "présence". Etre vrai, c'est être là maintenant. La pensée mythique ne possède aucun recul, aucune troisième dimension à partir de laquelle elle pourrait "juger" son objet : tout se perd dans le simple contenu et « est ramené nécessairement à un seul plan » (PFS, II, 57). Une quantité de données mythiques s'ensuivent. L'objet donné en rêve n'est pas distinct de l'objet perçu et c'est pourquoi des accusations fondées sur des rêves sont reçues. De même « il n'y a pas pour la pensée mythique de moment clairement défini où la vie se transforme en mort et la mort en vie » (PFS, II, 58). Dans son "image" le mort demeure "présent", que cette image soit une image à proprement parler ou des reliques dont émanent des pouvoirs puissants[1]. De là le culte des morts qui trouve son plus vif éclat dans l'Egypte ancienne, et qui naturellement représente un progrès fondamental dans le problème de l'architecture et de l'éclairage[2]. – Or *interpréter les mythes* consiste à dépasser *inconsciemment* le mythe pour découvrir derrière lui un sens caché, un au-delà technique et l'on est presque fatalement amené à concevoir le mythe en ces termes, la conscience technique étant donnée. Mais justement, sans éviter de tomber dans ce travers, il faut savoir le mesurer. Les procédés d'éclairage dans les monuments mythiques n'ont pas été pensés d'abord comme des contributions à l'optique, même si l'interprétation techni-

1. Augustin Thierry, *Histoire de la conquête de l'Angleterre par les Normands*. T. I, p. 183.

2. I. E. Edwards, *Les Pyramides d'Egypte*, p. 125 et sur l'éclairage, p. 157.

cienne souligne ce moment. Autrement dit pour la conscience mythique de l'objet, il n'y a pas un horizon en lequel se développent successivement les couches de l'objet. Non seulement les rites qui déterminent le travail des champs l'emportent sur la réelle croissance et la prospérité, mais encore dans le culte le «danseur *est* le dieu, il *devient* le dieu» (PFS, II, 61). Partout l'image tombe dans la chose et réciproquement, étant entendu que l'image peut précisément être une "réplique" ou un fragment (PFS, II, 65). Par là même on conçoit l'impérialisme de la causalité. Tout peut être cause de n'importe quoi : un rêve n'est pas moins cause qu'un effet physique, si bien que la mort n'est jamais pour la pensée mythique mort naturelle, mais toujours mort provoquée. Aussi, loin d'être une pensée *étroite,* la pensée mythique est une pensée *large* où au lieu de se séparer dans l'analyse scientifique tous les phénomènes se contaminent; les «lignes de démarcation et de séparation font défaut» (PFS, 69), et la pensée est toujours satisfaite parce qu'elle ne connaît pas d'obstacle incontournable. La pensée scientifique, tout au contraire, a trouvé son expression légale dans l'idée du Non-Moi. La pensée scientifique est satisfaite lorsqu'elle parvient à réduire le phénomène à une règle générale. La pensée mythique est satisfaite lorsqu'elle parvient à ramener un événement particulier à une cause particulière – procédé aussi bien dangereux qu'inoffensif. – Il suit de là, comme on pouvait déjà s'en apercevoir en réfléchissant sur les "reliques", que la partie peut valoir pour le tout. Mais il ne faudrait pas entendre cette détermination comme si, pour un Cuvier, l'ossement valait pour le tout. Il y a là une règle de l'analyse étrangère à la pensée mythique qui voit plutôt dans la partie «la même chose que le tout, parce qu'elle est un vecteur réel de l'effet...» (PFS, II, 73).

C'est alors qu'intervient la notion si discutée de *mana.* Cassirer y a été conduit, d'après ce qui vient d'être dit de la partie comme vecteur et par la considération des insignes royaux, qui «ne sont pas là comme de simples symboles mais comme d'authentiques talismans, qui portent et conservent des forces divines» (PFS, II, 81). Les relations que la logique classique établit ici ne sont pas pertinentes – l'épée "donne" sa force au bras dans un rapport vivant et sacré. «D'une manière générale, écrit Cassirer, le concept mythique de force se distingue du concept scientifique en ce que la force n'apparaît jamais comme un *rapport* dynamique, comme l'expression d'un ensemble de relations, mais comme quelque chose de matériel et de substantiel». Nous voici devant le *mana*.

Il n'y a pas de claire logique du *mana*. C'est une force matérielle répandue dans le monde, «mais qui apparaît pour ainsi dire condensée dans certaines personnalités douées d'une puissance particulière, le sorcier, le prêtre, le chef, et le "guerrier"» (PFS, II, 82). La force, si l'on ose dire , va à la force, mais bien général, dans la mesure où il est répandu dans le monde, le *mana* « est au contraire, quelque chose de particulier, de matériel qui, en tant que tel, peut aller d'un endroit à l'autre, d'un sujet à un autre» (PFS, II, 82). Heidegger dans son analyse du livre de Cassirer écrit : «Ce trait ontologique du "monde" mythique et de l'existence mythique elle-même est le sens de la *notion de mana* qui... est apparue de plus en plus nettement dans la recherche sur les mythes, comme une, voire comme la catégorie fondamentale de la pensée "mythique". Le mana ne désigne pas non plus une sphère déterminée d'objets, on ne peut pas non plus le rapporter à certaines forces "spirituelles". Le mana est le caractère ontologique le plus général, la "modalité" sous laquelle le réel assaille toute existence humaine.»[1] Cassirer n'a pas été aussi loin – il fait du *mana,* devant lequel bute la pensée rationnelle – en tant que telle – plutôt l'expression suprême de la conscience mythique de l'objet, en évitant d'écrire que le *mana* en est la modalité fondamentale, car de celle-ci il se fait une conception bien différente, y voyant plutôt le cadre des catégories particulières de la pensée mythique.

1. M. Heideger, *op. cit., loc. cit.,* p. 88.

§. 3 - Cassirer, après avoir déterminé la pensée mythique de l'objet, s'est penché sur la modalité, qu'en ceci différent de Heidegger, il a selon la logique de l'Ecole de Marbourg divisée en titres (PFS, I, 36), ou en catégories particulières de la pensée mythique. Comme le montrent les nombreuses références à Lévy-Brühl, l'auteur de la *Philosophie des Formes symboliques,* déjà aiguillonné par ses réflexions sur le langage, s'était posé clairement la question de savoir si la pensée mythique n'était pas une *autre* pensée, possédant sa valeur absolument originale, de telle sorte que mythe et connaissance s'opposeraient comme autant d'absolus. Ce fut, on le sait, la thèse première de Lucien Lévy-Brühl, qui, impressionné par la logique du rêve des primitifs, leur conception de la causalité et des processus aussi singuliers que l'ordalie, préféra, non sans percevoir les difficultés dans le passage d'un monde à l'autre, poser que mythe et connaissance formaient deux mondes[1].

Toute différente est la thèse de Cassirer. Décrivant brièvement les formes logiques pures il écrit : « On peut dire à cet égard que chacune de ces formes, avant de recevoir le titre et le poinçon qui lui donnent sa valeur logique, doit être passée par un stade mythique» (PFS, II, 85). Ainsi l'astronomie est la fille de l'astrologie à laquelle elle doit, entre autres choses, comme le calendrier, la connaissance de la disposition des astres. Pure mesure, "le nombre est" d'abord "vénéré comme nombre sacré". Bien entendu Cassirer n'entend pas tracer des lignes claires d'évolution conduisant du mythique à la connaissance. Non seulement nous sommes en présence d'un véritable écheveau, mais encore dans notre monde rationnel le magique et le mystique subsistent. Il existe des médecines parallèles.

Ce qu'il convient alors de cerner pour délimiter la conscience mythique de l'objet ce sont ses relations. Les

1. L. Lévy-Brühl. *La mentalité primitive*. On sait que dans ses dernières études ce philosophe français a renoncé à sa thèse initiale du dualisme de la pensée.

premières qui apparaissent dans la pensée mythique ne sont évidemment pas des relations synthétiques où A et B, termes de la relation, valent par eux-mêmes, non moins que le type idéal de relation R qui les unit. Mais dans le monde mythique nous voyons très tôt la conscience "organiser" selon des relations, ou plutôt des *rapports* de force, la hiérarchie des divinités et des démons. Retenons l'expression pour la distinguer des relations possédant une unité critique. Dans le monde du mythe les rapports définissent des structures d'agglomération et d'appartenance où tout peut participer à tout. «La pensée mythique, écrit Cassirer, se révèle en cela "concrète" au sens strict : ce qu'elle saisit subit alors une concrétion spécifique, qui le fait s'agglomérer en se développant (*con-crescere*). La connaissance scientifique s'efforce de *conclure* à la cohésion des éléments distincts, alors que l'intuition mythique laisse en dernière analyse *coïncider* ce qu'elle lie... et cela se comprend quand on songe qu'il n'y a au fond pour la relation dans la vision mythique qu'une seule dimension, qu'un seul plan d'être» (PSF, II, 88-89) – à ce niveau une théorie de la différence est fort fragile.

Cassirer retient dans la modalité comme constituant la pensée mythique comme "*forme de pensée*", cristallisée dans "l'intuition pure" (PFS, II, 96) les catégories de la quantité, de la qualité et celle de la similitude.

1 - Selon la *quantité* «la pensée mythique ne connaît que le principe de l'identité de la partie et du tout» (PFS, II, 90). L'insistance avec laquelle Cassirer met l'accent sur le mot *participation* (qu'il ne traduit pas) (PFS, II, 83) montre à quel point il s'efforce d'être ici plus complet qu'original. L'accent qu'il confère à la quantité dans la participation signifie seulement une inflexion de pensée.

2 - Selon la *qualité* nous n'examinons plus la relation entre le tout et les parties, mais la relation entre la chose et ses propriétés. Certains diront mathématique la première relation et *dynamique* la seconde. Or la propriété est pour nous difficile à comprendre tant que nous l'envisageons

comme « une détermination *sur* la chose » (PFS, II, 91). Cassirer aurait pu ici renvoyer à la notion de *mana* : « Pour la pensée mythique, en qui tout ce qui est réel est ramené sur un même plan, une substance unique *n'a pas* des propriétés différentes ». Matériel comme le *mana,* le principe qualificatif ne s'enferme pas ni ne se résout dans des déterminations articulées. La conquête de la différence réelle et efficace, en même temps qu'invariablement distincte, est du point de vue de la modalité une percée décisive.

3 - Enfin du point de vue de la *similitude,* la ressemblance vaut pour l'identité. L'*indice* ne signifie pas une relation possible, mais une identité d'*essence,* de telle sorte que la pensée mythique est prise à son piège le plus redoutable, celui qui abolit la vraie distance d'avec l'objet, sa rapidité à conclure. Mais ce qui intéresse Cassirer ici est plutôt la distinction entre la forme symbolique qui unifie sous un même concept le cercle, l'ellipse, l'hyperbole et la parabole et la théorie classique de la formation du concept où guidé par l' “association” des représentations on groupe selon la ressemblance et l'analogie des déterminations (PFS, II, 94-95). Si grandes que puissent être les convergences – astrologie et astronomie – il ne faut pas manquer de souligner que par delà les structures du mythe étudiées, il pourrait y avoir une “dynamique du sentiment vital”, renvoyant dans la nuit des temps à une époque où, probablement privée de langage réel, la conscience en sa propre obscurité adhérait déjà au monde, et combien longue dut être cette période, comparée à notre civilisation, si nous croyons en la pré-histoire.

§. 4 - Mais si le mythe s'organise selon les dimensions catégoriales de la modalité, il convient de préciser “la forme de pensée” par les “formes du mythe” et Cassirer a surtout insisté sur l'espace et le temps.

1 – Tout semble différencier l'espace mythique et l'espace rationnel. L'espace mathématique est continu, infini, homogène. Pour le caractériser on peut se servir de la définition de Leibniz : « Soit A 8 Y, c'est-à-dire un point donné A. On demande le lieu de tous les points Y ou (Y) etc. qui ont de la

congruité avec le point A. Je dis que le lieu de tous les Y sera l'espace infini de tous côtés. Car tous les points du monde ont de la congruité entre eux, c'est-à-dire l'un se peut toujours mettre à la place de l'autre.» (Leibniz, *Briefwechsel mit Mathematikern,* 572). Il n'en va pas de même avec l'espace mythique : le contenu demeure solidement attaché à sa place, qui elle-même n'est un lieu dans l'être que remplie par son contenu.[1] L' "ici" et le "maintenant" par lesquels débute la *Phénoménologie de l'Esprit* de Hegel, loin de supposer une conscience naïve supposent une conscience qui a déjà élaboré la *possibilité* de la disjonction entre la place et le contenu. – Mais lorsqu'une place suppose son contenu et réciproquement, ce qui va se déterminer immédiatement comme la figure la plus importante – et la plus différente de l'espace dit géométrique – c'est la séparation du *profane* et du *sacré*. Nous résumons ici beaucoup les développements de Cassirer, mais il est clair que si quelque chose n'*est pas* à sa place, s'il lui est interdit d'être à *cette* place, des relations complexes s'élaborent entre les catégories du profane et du sacré. Nous employons le mot de *catégorie* parce que le système complexe de relations qui peut conduire un élément A profane en tel lieu peut aussi le caractériser comme sacré en un autre lieu (PFS, II, 125). Mais si nous nous en tenions là, nous obtiendrions un système de relations monstrueux, eu égard à la diversité des êtres. Aussi Cassirer fait-il intervenir la capacité cosmique d'organisation du mythe. Il cite en particulier un hymne du Rig-Veda montrant comment «le monde est né du corps de l'homme, de Purusha. Le monde *est* le Purusha, car il est né de ce que les dieux le sacrifièrent, et engendrèrent, à partir de ses membres découpés selon la technique du sacrifice, les créatures singulières. Les parties du monde ne sont rien d'autre donc que les organes humains. Le brahmane était sa bouche, ses bras devinrent le guerrier, ses cuisses le Vaisya (l'artisan), et de ses pieds naquit le

1. Nous observons encore souvent des rituels magiques : chacun à table se met à "sa place".

Sudra (le serviteur), la lune est née de son esprit, le soleil de son œil, Indra et Agni de sa bouche ; de son souffle naquit Vayu. De son nombril naquit l'espace, sa tête devint le ciel, ses pieds la terre, son oreille les directions de l'espace ; c'est ainsi que se formèrent les mondes » (PFS, II, 117).

Mais si l'organisation de l'espace à partir du corps de l'homme caractérise la pensée mythique, elle se définit aussi par un système de mise en relation où par correspondance on peut aller du fini à l'infini. Après M. Lamm[1], Cassirer cite les ouvrages typiques de Swedenborg. Entre l'ici et le là-bas, moyennant parfois une différence quantitative, on retrouve les mêmes choses (la bière et le chocolat, mais aussi la façon de se vêtir). Si l'on désigne comme "anatomie magique" l'expression suivant laquelle sont désignées certaines parties du monde, il faut alors parler de géographie et de cosmographie mythique. A cette orientation précise il en faut ajouter une autre : celle définie par le totémisme. L'*intuition totémique* est demeurée souvent obscure en dépit de sa précision. « Ce ne sont pas ici seulement, écrit Cassirer, les individus et les groupes humains qui apparaissent strictement définis par leur appartenance à un totem particulier ; cette forme de classification touche et pénètre la totalité du monde » (PFS, II, 112). Cet ensemble où chaque individu est *rangé*, affecté d'un *insigne* qui n'est pas un signe puisqu'il évoque la présence de corrélations saisies comme parfaitement réelles, s'élève à l'intelligibilité par la médiation de l'espace mythique. Cassirer a choisi comme exemple principal l'image mythico-sociologique des *Zuni*. « La forme d'organisation totémique qui décompose le monde en sept éléments se manifeste avant tout dans l'appréhension de l'espace. La totalité de l'espace est divisée en sept régions, le nord, le sud, l'ouest et l'est, le monde supérieur et le monde

1. M. Lamm, *Swedenborg*, Paris, 1936. on sait que Kant a critiqué les étranges idées du mystique suédois, cf. Kant, *Œuvres philosophiques* (éd. Alquié T. I, p. 527 et suiv.). Feuerbach considérait les idées de ce visionnaire comme des expressions très élaborées de la pensée mythique.

inférieur, et finalement le milieu, le centre du monde, et chaque être possède une place et une seule, dans cette organisation générale, qui lui est assignée une fois pour toutes. » (PFS, II, 113). – On trouve assez facilement des structures de ce type. Chez les *Dogon* l'année elle-même se divise en huit périodes (deux périodes pour chaque saison en alternance). Puis en partant du détail de la vie, les maisons ont huit fenêtres, les couvertures à carreaux blanc et noir sont tissées en huit éléments ; il y a huit dieux, huit maléfices fondamentaux, huit directions (chaque direction est doublée, l'une vers le haut, l'autre vers le bas). Si nous étions placés dans une perspective sociologique nous pourrions montrer en détail comment cette organisation rigoureuse détermine la vie. Au passage Cassirer cite Polybe. Le plan du camp militaire romain était ici aussi « dessiné d'après celui de la ville, tandis qu'à son tour, la ville, dans sa structure, correspondait au plan général du monde et aux diverses régions de l'espace » (PFS, II, 130). D'un point de vue satirique il conviendrait de dire qu'on n'en pouvait jamais "sortir". Cet espace d'après Cassirer, en tant qu'il se donne *pour nous* comme principe d'ordre et de compréhension, est un *espace-structure* par opposition à l'*espace-fonction,* qui justifie symboliquement la dis-position des choses et non seulement leur position.

2 – Comme on l'a vu dans le déploiement de l'espace l'opposition du sacré et du profane se manifestait déjà. Mais à l'intérieur de cette généralité, réagissant puissamment sur elle – par exemple dans l'instauration de temps bénéfiques – jaillit la temporalité du mythe, généralement connue par l'advenir du dieu qui dans son *histoire* triomphe « des puissances naturelles dépourvues de toute personnalité, et s'oppose à elles en tant qu'être particulier » (PFS, II, 132, *Sprache und Mythos,* Warburg 6, 1925, in *Wesen und Wirkung des Symbolbegriffs,* 136). On distinguera bien deux moments dans la description de Cassirer. D'une part il y a la pure origine : « Tout le caractère sacré de l'être mythique se ramène finalement au sacré de l'origine » (PFS,

II, 133). Mais d'autre part il y a ce qu'il faudrait appeler l'origine par délégation : « Ce n'est qu'à la condition d'être rejeté dans un lointain temporel, d'être relégué dans les profondeurs du passé, qu'un contenu peut apparaître, non seulement posé comme sacré, et important pour le mythe et la religion, mais aussi, en tant que tel, justifié. » (*Ibid.*). Aussi le temps originaire n'est pas à proprement parler un temps clos, mais une structure solide, arrachant à son destin – à la différence de notre pensée du temps – l'être soumis au devenir destructeur pour lui conférer l'être-qui-dure. Le temps mythique n'est pas seulement un temps de dissolution, mais un temps qui se nie comme destructeur. A partir du jour et de la nuit, en tenant compte de l'espace-structure et de la relation absolue, sans limites, on voit comment à l'intérieur du temps l'intuition primaire de l'espace va s'articuler sur l'intuition primaire du temps. « La division de l'espace, écrit Cassirer, en différentes régions et directions est parallèle à la division du temps en moments singuliers ». On a vu comment chez les Dogons le temps se divise en huit périodes[1]. On voit aussi comme on est loin de trouver dans le mythe une organisation fragile : chaque moment de l'existence humaine et matérielle est circonscrit avec une précision, qui, dans le fond, prépare l'astrologie et son système-spatio-temporel ontique. Rien ne prépare mieux à la compréhension des rites d'initiation et de passage et à la théorie des âges. Si l'objectivité signifie l'obstacle, alors rien n'est moins objectif que le mythe (PFS, II, 138) ; et si l'obstacle préfigure la légalité, on voit comment le mythe, avec ses intégrations de *structures* prépare les intégrations fonctionnelles.

Les très longues considérations de Cassirer – nous avons cité aussi peu d'exemples que possible – la richesse de son

1. Marcel Griaule, *Dieu d'Eau, Entretiens avec Ogotemméli*, Paris, 1948, cf. par exemple p. 97 (Enseignement du Septième Nomo). Pourquoi et comment les hommes et les femmes se liment les dents (symbolisation du passage des quatre-vingts fils pairs et des quatre-vingts fils impairs, représentation de la multiplication des familles).

développement, soulignée par Heidegger, ne doivent pas nous faire oublier que pour nous et en ce moment précisément une question est radicale, inévitable. On serait bien tenté, considérant notre temps, ses sciences, ses machines, de reléguer le monde du mythe dans une simplicité pure (ce qu'il mérite parfois comme le fait aussi la modernité qu'on lui oppose). Ce serait ici céder au mythe du "bon sauvage"[1]. En réalité le primitif est enserré dans des contraintes strictes, au moins vécues au niveau du réflexe, et qui, loin de favoriser l'innovation, lui sont contraires. Là où devant des œuvres d'art, véritablement réalisées avec beaucoup de technique, là où *Kunst* mérite ses deux valeurs, nous croyons être devant des produits originaux de l'esprit, c'est en la répétition que nous sommes placés. Bien entendu il ne faut pas "sortir" la note avec trop de vigueur. La conception mythique est capable d'un art très important. Mais il ne serait pas injuste de dire que le mythe s'oppose à l'art en lui traçant ses sillons, comme il trace ceux de l'existence de chaque être. A la question de savoir si les primitifs pensent *moins* que nous, Cassirer donne une réponse évoquant celle de Bergson. Le primitif pense *autant*, mais en étendue, non en *profondeur*. Enfin Cassirer a exposé la contradiction existentielle et philosophique la plus profonde émergeant de ce temps. « Personne n'a souligné avec autant de vigueur qu'Héraclite la mutabilité de ce que l'intuition commune appelle la "forme" des choses ; mais il en tire la conclusion exactement inverse de celle qu'on trouve dans le sermon du Bouddha. Car elle le conduit, non pas à rejeter l'existence, mais à l'accueillir avec un oui passionné » (PFS, II, 165)[2]. Ainsi le mythe depuis son fonds obscur s'est élevé à

1. E. Cassirer, *The Question of Jean-Jacques Rousseau*, édition Peter Gay, Columbia University Press, 1954. E. Cassirer, *Le problème Jean-Jacques Rousseau*, Revue de Métaphysique et de morale, 2e, 3e, 4e, 1986.

2. Sur les curieuses relations du Bouddhisme et du Japon, cf. George Samson, *Histoire du Japon*, p. 105 et suiv.

l'opposition métaphysique la plus claire et la plus importante qui ait jamais pesé sur le monde.

3. Cassirer a achevé ces considérations sur l'espace et le temps par une section consacrée au nombre. Mais il l'avoue lui-même un livre n'aurait pas suffi. Que ceci cependant soit dit : la pensée mythique ignorant les liaisons fonctionnelles, découvre dans les *rapports* des nombres, des unités de ressemblance et de sens, suivant lesquelles « le nombre n'est jamais ici simplement ordinal» (PFS, II, 173) : avec de telles entités on peut partager la force, mais non développer une combinatoire. Mais que cela soit dit aussi : il existe toute une *imagerie* magique découlant des nombres. La svastiska (PFS, II, 178), comme la croix, en sont des exemples au contenu spirituellement pauvre, indiquant le plus souvent les simples directions négatives et positives de l'espace. L'homme n'a pas seulement besoin de symboles, mais d'images et la matrice du nombre convenait.

§. 5 - Il reste à dire quelques mots sur une recherche subtile, mais dont certains moments devraient être refondus. Cassirer a tenté d'expliciter dans un riche contenu de documents l'émergence du *sentiment de soi*. Comment au sein de ce complexe spatio-temporel-totémique englobant la *communauté* le soi peut-il devenir pour soi ? L'opposition n'est pas ici celle de l'*objet* et du *sujet,* mais de la communauté intégrée et du sentiment vécu pour soi d'être soi. La réponse apportée à ce problème par Cassirer – compte-tenu dans ce procès du progrès des relations fonctionnelles – est que si la science conduit à l'unité, le monde du mythe se forme en se désarticulant : «... à chaque modalité et chaque direction particulière doit correspondre un aspect particulier de l'être et du système des éléments de l'être.» (PFS, II, 219). Il va de soi que cette désarticulation dynamise en un sens dans un premier temps les unités totémiques en les organisant. Mais de nouvelles formes apparaissent, d'autant plus puissantes que «se conserve avec une force toujours intacte pour la conscience et le sentiment mythique l'idée du sentiment de l'*unité de la vie*» (PFS, II, 221). Ainsi le complexe spatio-temporel-totémique subit une profonde transformation en cherchant peu à peu son fondement, au moins pour les signes, non plus dans « un corrélat stable dans les choses, ... mais un fondement dans la *conscience* mythique et religieuse. » (PFS, II, 229). Un long procès est alors nécessaire pour aller de la communauté à la conscience de soi – c'est pour cela qu'il faut parler du sentiment de soi – de l'humain à l'homme, de l'existence fatale à l'existence raisonnable, comme tente d'y parvenir la tragédie grecque faisant de l'homme un être qui agit de lui-même et qui est responsable de ses actes, lorsqu'elle lui donne enfin, la figure authentique du sujet éthique et dramatique. « Personne ne peut t'absoudre de ton crime ». Ainsi dans Agamemnon le chœur répond à Clytemnestre, invoquant la malédiction qui pèse sur la famille. Quand la malédiction le cède au crime, un nouveau monde est né : celui de la liberté et du savoir.

La connaissance

Dans le troisième volume de la *Philosophie des formes symboliques* Cassirer a voulu regrouper ce que l'analyse kantienne tendait à séparer : d'une part la psychologie et principalement la psychologie de la perception, et d'autre part la philosophie des sciences exactes. Unifiant dans son itinéraire théorie de la perception et théorie de la logique et des sciences exactes, Cassirer ne pensait pas s'écarter de Kant dans la mesure où le même concept de fonction gouvernait la recherche, mais l'a plutôt élargi en direction du jugement non d'expérience, mais de science et c'est ce qu'on lui a reproché.

§. 1 - Le point généralement le plus décisif pour une théorie phénoménologique de la perception est son aptitude à rendre compte d'une situation clinique ; c'est là où elle est à l'épreuve, là où son concept fondamental peut être rejeté ou provisoirement reçu. Naturellement attiré par l'étude de l'aphasie, dégradation des aptitudes linguistiques, puisque d'une certaine manière le langage comprend déjà en soi une logique, Cassirer fut vivement intéressé par les travaux de Gelb et de Goldstein, avec lesquels il put collaborer, et surtout par le cas d'un malade. Cassirer rapporte en ces termes le cas Schn.

> Goldstein et Gelb ont décrit et analysé dans le détail le cas d'un malade victime d'une amnésie des noms généraux de couleurs, qui ne pouvait ni faire spontanément un bon usage de ces noms – comme "bleu" et "jaune", "rouge" et "vert" – ni, quand d'autres personnes les lui disaient, leur associer un sens fixe. Par exemple, si on lui demandait de choisir, dans une série d'échantillons de laine ou de papier coloré un exemplaire rouge, jaune ou vert, cette tâche le laissait perplexe : elle avait perdu tout sens pour lui. En revanche, on ne pouvait douter que le malade "voyait" bien les diverses nuances et les distinguait comme un sujet normal. Toutes les épreuves de sensibilité aux couleurs auxquelles il fut soumis concordaient à montrer qu'il avait bien conservé sa faculté de discrimination chromatique, qu'il n'était nullement "daltonien". C'est seulement quand il essayait de *coordonner* des couleurs différentes, d'en composer un quelconque "assortiment", qu'apparaissait le trouble caractéristique. Car le malade... ne disposait d'aucun principe ferme d'après lequel il eût pu réaliser cette mise en ordre » (PFS, III, 252).

La description de la maladie était par elle-même déjà une réfutation du sensualisme croyant avec des "éléments" empiriques com-poser des configurations mentales : langage et perception étaient globalement affaiblis dans une incapacité synthétique, très visible dans la cécité psychique. Il ne fallait pas dire que pour ce malade le monde était retombé en miettes, mais que de larges ensembles étaient privés de sens et soustraits à des opérations élémentaires. Ce qui fut remarquable était le fait qu'incapable suivant la consigne de choisir un bleu, le malade y parvenait par la médiation du nom concret d'une chose, fonctionnant comme une "couleur de mémoire". Cassirer suivant Gelb et Goldstein nomma cette déficience affaiblissement de l'attitude catégorielle.

Cassirer était favorable à cette expression : elle expliquait bien que ce qui était atteint, loin d'être un simple moment dans la perception – ce qui était le point de vue de la psychologie sensualiste associative passive[1] –, était au contraire une totalité de sens dépendant précisément du rapport (*Verhalten*) du sujet au monde. La perception de l'objet d'une part et l'affaiblissement de l'attitude catégorielle de l'autre se traduisaient par une réduction des opérations symboliques, tant synthétiques que mathématiques, et la logique fonctionnelle était aussi détériorée que la logique classificatoire. La notion d'attitude catégorielle convenait d'autant mieux à Cassirer, que, avançant toujours dans les voies de la phénoménologie – et bien que, sans renier Kant (PFS, III, 280, 222), il cherche au niveau du jugement de perception où il reconnaît, on l'a déjà vu, une valeur de savoir – il parvenait par là à dégager la totalité humaine comme inter-action, mieux comme totalité, dans son acte cognitif. En dépit où à cause de la Révolution copernicienne, interprétée selon Beck[2] et tant d'autres, le kantisme avait laissé une image de soi complètement altérée : on voyait d'une part le "Je pense" et d'autre part "une multiplicité" d'affections donnée dans le divers de l'intuition. Il revenait dès lors au "Je pense" de coordonner cette *multiplicité* pour en faire un monde. La psychologie associationniste n'avait aucune peine à récupérer les prétendus modes d'association des représentations, d'autant plus que Kant s'était servi de ce dernier terme pour en rendre compte dès la première déduction transcendantale de l'unité du divers. On aimerait ici simplifier. Mais des penseurs aussi éminents que Bergson nous présentent bien ainsi le kantisme où tout peut, en

1. Elle pouvait encore bien mieux : noyer dans l'entendement kantien l'intelligence.

2. J. S. Beck, *Erläuternder Auszug aus den critischen Schriften*, etc., Riga, 1793.

somme, être décliné sauf le point d'égoïté signifié par le "Je pense comme conscience". Cassirer – Merleau-Ponty l'a reconnu avec sincérité dans une critique souvent sévère – a affirmé sa différence avec Kant : « Mais cela ne veut pas dire pour autant que nous puissions considérer les *opérations* de représentation symbolique de tout ordre qui sont la condition indispensable de la parole, de la connaissance perceptive et de l'action, comme des manifestations "d'une faculté première" (*Grundkraft*), comme des affirmations diverses du pouvoir symbolique (*Symbolvermögen*). La *Philosophie des formes symboliques* ne demande aucune hypostase de ce style, et même elle l'exclut par ses prémisses méthodologiques. Car ce qu'elle cherche, ce ne sont pas des points communs dans l'*être* (*Sein*) mais des points communs dans le *sens* » (PFS, III, 309)[1]. Ce que redoutait par dessus tout Cassirer est apparu en sa réflexion sur la pathologie. Rien ne lui paraissait plus *dangereux* qu'une *Substantification* du sujet[2] ; dès lors confronté, non plus à des relations de sens, mais d'être, comme on le voit chez Schopenhauer, le sujet devenait cette chose dont on ne pouvait comprendre que d'elle émanât un sens. Chose perdue parmi les choses, le sujet ne pouvait même plus prétendre atteindre l'attitude catégorielle[3]. D'une certaine manière la substantification du sujet était, pour Cassirer, le propre de la maladie psychique : « Si nous revenons, écrit-il, au cas mentionné plus haut d'amnésie des noms de couleurs, nous avons constaté là aussi que le trouble proprement dit paraissait consister en ce que le malade adhérait trop étroitement aux vécus optiques, à l'individualité de leur ici et de leur maintenant, pour pouvoir les dépasser et les centrer sur certains points privilégiés de la

1. J'ai corrigé la traduction trompeuse : elle souligne "sens", non "être".

2. J'ai clairement exposé cette substantification dans ma dissertation : *La position systématique de Fichte dans la Bestimmung des Menschen* – Cahiers philosophiques. A paraître aussi comme *Schlussvortrag* dans les actes du IIe Colloque Fichte (Meiner).

3. Gelb et Goldstein, *Zeigen und Greifen*, 461 et surtout 465.

série des couleurs. Le malade restait comme collé à ses vécus sensibles de cohérence : il pouvait passer d'un terme de la série au plus proche, mais non les rapporter l'un à l'autre par l'entremise de certains concepts généraux de couleurs. » (PFS, III, 285). Comme on l'a vu les malades pouvaient en certains cas utiliser un objet pour récupérer l'ensemble dans une tremblante démarche associative. Il en va de même ici où le malade colle à ses vécus optiques : les éléments perceptifs ont cessé d'être des *symboles* pour devenir des *signaux* et Cassirer propose que l'on réserve pour le cas des symboles le mot *lire* et pour celui des signaux celui d'*épeler* (PFS, III, 272). – Puisque ces troubles qui manifestent du dedans avec une remarquable acuité les grandes structures de la perception, affectée tantôt principalement selon l'espace, tantôt selon le temps, enfin suivant le nombre, si bien que toute la fonction de la modalité est ébranlée, faut-il renversant l'orientation kantienne, dire qu'en deçа de l'intelligence, il faut reconnaître au corps, comme être vivant, "sa puissance d'exister"[1] ? Le danger n'est pas de revenir à un sensualisme nouveau. On voit dans les brillantes analyses de l'auteur de la *Phénoménologie de la perception* tout ce qui peut être gagné par l'analyse de la structure corporelle vivante – qui ne peut être substance, car loin d'être chose dans l'espace, elle "l'habite" – et ce fait peut être versé au compte de l'existentialisme, mais en revanche on ne saurait apercevoir comment les infinités synthétiques fonctionnelles pourraient être récupérées. L'opposition s'est transfigurée : elle heurte la réalité spécifique du corps comme *vécu* à la fonction dont l'exercice est rendu possible par l'attitude catégorielle. Quant aux symptômes sur lesquels s'appuient ces analyses et même quant aux interprétations souvent proches qu'elles en donnent – parlant l'une et l'autre d'affaiblissement, de rupture, de détente des fonctions dont les moments cérébraux sont le support – ils ne permettront pas, selon

1. Maurice Merleau-Ponty, *Phénoménologie de la perception*, Paris, 1945, 156.

nous, de séparer catégoriquement Cassirer plus tendu vers l'intelligence, de Merleau-Ponty davantage attiré par le savoir immédiat vécu dans l'extase perceptive.

Il demeure que la phénoménologie existentielle de Maurice Merleau-Ponty, de même qu'elle vise dans le corps vivant une totalité absolue et, si l'on ose dire, dynamiquement fermée sur soi, s'enferme irrémédiablement dans la vie pure. Il n'en va pas de même chez Cassirer, en ceci porté à un certain hégélianisme. La totalité fonctionnelle dans sa pluralité synthétique reste ouverte dans l'attitude catégorielle. Réfléchissant sur le cas d'un malade «incapable d'esquisser tout seul le plan de sa chambre», Cassirer ose une comparaison très significative : «On peut tirer au clair la nature véritable de la présente difficulté dès qu'on considère combien la science (*wie schwer es selbst der Wissenschaft*), connaissance théorique a eu de mal à franchir réellement, avec clarté et précision, le pas ici requis. La science, la physique théorique a elle aussi commencé par poser l' "espace des choses" (*Dingraum*) pour ne passer que progressivement de là à l' "espace-système" (*System-Raum*), elle a dû aussi conquérir par un travail incessant de la pensée les concepts de système et d'origine des coordonnées» (PFS, III, 277, texte allemand, III, 286-287 et le renvoi de Cassirer à son livre de 1927 : *Individuum und Kosmos in der Philosophie der Renaissance,* p. 183 et suiv.).

Si disant : «Le monde est ma représentation», on veut entendre par là que dans l'acte perceptif le moment perçu s'impose comme un pur donné, on bouleverse l'ordre des termes : c'est parce que je suis tension, et *projet* que la réalité du monde peut devenir pour moi objet, ob-jet d'autant plus riche que mes déterminations symboliques seront plus organisées et plus systématiques – mais ce qui est vrai – voici l'hégélianisme de Cassirer – des fonctions symboliques l'est aussi des grandes organisations symboliques : «Cette conquête du "monde comme représentation" constitue le but et le produit exclusif des seules formes symboliques, du langage, du mythe, de la religion, de l'art et de la connaissance théorique» (PFS, III, 310).

C'est ici le lieu d'ouvrir une parenthèse. Certains passages de la *Philosophie des Formes symboliques* évoquent des idées d'ensemble. Celui qu'on vient de citer y appartient incontestablement et répond à une question précise et d'autant plus aigüe qu'elle se développe sur le fond d'une étude sur la pathologie où l'homme est mis en question. Pourquoi ne possédons-nous pas un seul traité de morale ou d'éthique de Cassirer? On peut commencer par répondre, du point de vue kantien, qu'il ne croyait pas devoir s'atteler à une tâche de formalisation que Kant pensait avoir conduite à son sommet comme il l'explique dans une note satirique dans l'Avant-propos de la *Critique de la Raison pratique* (AK., Bd V, 8, note). Dans une perspective très voisine, se distinguant de la précédente parce qu'on y parle d'*éthique* et non de *morale,* Cassirer a bien su penser qu'il n'était ni convenable ni utile de rédiger à nouveau le grand traité de Cohen : *L'Ethique du vouloir pur*. Ces deux réponses sont, à un point de vue psychologique, recevables, mais elles ne sont pas suffisantes – encore que Cassirer n'ait point su rédiger avec sa haute classe la section portant sur la morale kantienne dans l'ouvrage qu'il consacra à la pensée de Kant. Il faut prendre une autre direction à la fois humaniste et utopique. Toute l'œuvre de Cassirer témoigne d'une croyance dans la maturation éthique, sociale et politique de l'homme par le savoir, qui sans se substituer à l'art (KBA, *Vorrede*) et encore moins à la religion peut les protéger, ouvrant ainsi les voies à l'avenir. On devient honnête en lisant *Individuum und Kosmos*. Ainsi tout de même qu'on peut comparer la maladie à la science, juger en celle-ci de nos progrès, entrevoir les chemins à venir, tout de même on peut aspirer à une actualisation plus complète de grandes formes symboliques générales. L'humanisme peut susciter le moralisme – le moralisme peut s'étouffer dans une pureté qu'il ne veut que trop. On comprendra par là comment et en quel sens Cassirer, qui se réclamait d'une phénoménologie pure de la connaissance, pouvait encore à ce point de vue se sentir accordé aux grandes thèses hégéliennes : les formes symboliques étaient des figures de l'Esprit, figures il est vrai non plus passées, mais à venir.

§. 2 - Certes avant de mieux comprendre tout ce que la maladie peut lui ôter et aussi toutes les promesses, au moins extérieures, qu'elle porte en elle, il faut décrire la perception pour soi. Percevoir, nul n'en doute, c'est saisir spontanément et immédiatement un ensemble dans un ordre rigoureux permettant soit de le saisir par la vue soit par tout autre sens. Une couleur, par exemple, est à sa place, aussi déterminée que peut l'être le mot dans la ligne mélodique qui constitue la phrase. Arrachée, détachée de son contexte elle ne *signifie* plus rien – comme le mot extrait de la ligne significative ou phrase – et se perd *pour nous*. Quant au *changement* il n'est pas changement ponctuel, mais changement dans un ensemble qu'il affecte dans la mesure où il est affecté (PFS, III, 159). Tout cela est bien connu et Cassirer ne s'y attarderait pas si, affectée par la logique aristotélicienne, non seulement notre logique des choses, mais aussi notre perception ne s'en trouvaient affectées.

De par sa liaison puissante et presque vivante avec le langage la perception se trouve déterminée et *engagée* dans des réseaux de sens où la suprématie du concept de *substance* se fait valoir comme il apparaît principalement dans les configurations spatiales. En ce point l'élément se présente comme *attribut*, tandis que le moment d'être, le prétendu centre, vaut comme substance. Hegel avait montré dans la *Phénoménologie de l'Esprit* comment les attributs de la chose (la sapidité, le blanc, etc.) n'étaient rien en dehors de leur rapport à la chose et comment inversement la chose n'était rien sans les attributs. Mais dans cette dialectique, surtout destinée à dépasser les contradictions intimes de l'empirisme, Hegel n'avait pas cherché à écarter une figure de l'Esprit. Sans trop insister sur la logique sujet-prédicat, structure éminente dans notre langage, Cassirer dans le chapitre intitulé *chose et propriété,* a insisté sur deux orientations. D'une part rappelant que «les choses ne représentent pas encore pour l'animal les objets bien définis, solides et stables de la vie humaine, mais... restent comme enrobées et fondues dans certaines situations globales et concrètes,... seule la parfaite équivalence de ces dernières peut inciter l'animal à un comportement similaire» (PFS, III, 142), il dénonçait la substance. Ainsi une simple perception articulée et segmentée est très au-dessus du simple ordre que nous croyons y reconnaître, ou plus exactement ce simple ordre dépasse de très loin l'élémentaire syntaxe. Il en résulte à la fois une solidité par cohérence, que nous attribuons spontanément aux objets, et une très grande fragilité lorsque par exemple une couleur n'est pas à sa place comme le mot peut l'être dans une mélodie. Ce contraste intérieur explique à la fois comment l'enfant peut user d'un mot semblable pour désigner des confrontations voisines, ou, tout au contraire, butant sur la différence, ne pas parvenir à un accord. On s'explique par là le mouvement interne par lequel dans le mouvement de la conscience symbolique l'enfant est pris par une "faim de noms" (PFS, III, 142). D'autre part l'analyse phénoménologique permet de retirer leur poids aux structures classiques. Certes le rationalisme *classique,* comme on le voit chez Descartes, exprime l'idée que l'objet n'atteint sa cohérence que par la réflexion logique qu'il expose d'une certaine manière en la *Méditation seconde*. De même Hume ne croit-il pouvoir atteindre l'objet que par des associations, des relations (proches des cades de la logique classique pour qui y regarde bien),. mais l'un et l'autre et ceux qui les suivent ne voient pas que tous «les processus logiques ou psychologiques invoqués arrivent trop tard» (PFS, III, 148). La vérité est que jamais un concept sensible ou un contenu sensible – comme le suppose la dialectique hégélienne – n'est «simplement "là", en tant que contenu isolé et détaché» (PFS, III, 150). Le détail "là", cette couleur qui n'est plus à sa place, suppose une élaboration complexe où son autre, c'est-à-dire ce par rapport à quoi elle est détachée et arrachée, est constitué déjà en profondeur. Nous allons toujours de l'indétermination à la détermination – comme la science en tant que *Wissenschaft* s'oriente vers la constitution d'un sujet opposé à un ob-jet, étant entendu que pour s'exprimer dans la rigueur fichtéenne, je suis ce sujet en tant qu'il se constitue et se sait dans sa constitution propre[1] – au lieu d'aller des déterminations – ces "ceci" sensibles et ces "cela" sensibles aussi (mes impressions) – à des configurations toujours plus consistantes, comme le veut le sensualisme empiriste (et son opposé, qui est le pur rationalisme logique), mais indéterminées et inachevées, par où l'on croit pouvoir fonder une théorie des hallucinations vraies, où s'exprime la perte de la chose qui, en réalité, ne fut jamais atteinte.

§. 3 - Mais par cette dialectique en même temps que nous avons fixé la chose, dans cette "faim d'essence" qui est *appréhension* d'essence, et de la sorte ayant conféré au prétendu élément une valeur et une fonction d'*indication* du tout, nous nous sommes approchés du principe suprême de notre savoir. Puisque nous ne pouvons retracer tout le chemin de notre conscience, nous considérons avec l'attention qu'on doit à une vérité ce qui plus bas était une erreur. On a vu comment le moment arraché ne valait rien pour lui-même et comment d'un point de vue phénoménologique il convenait de l'apprécier en le replaçant dans son tout. Mais à présent nous devons considérer cet élément dans son pour soi – il était plus et moins que chose : il était *signe*. Déjà au sein de la langue, si puissante dans l'élaboration du monde mythique et perceptif, le signe, parfois même le mot, se donnait comme le substitut de la chose (PFS, III, 368). S'arrachant à la seule matérialité compacte – comme l'élément ne se trouvant pas à sa place dans l'unité mélodique d'un tableau – le signe s'extrayait « de la sphère des choses pour se changer en pur *signe d'ordre* et de relation » (PFS, III, 369). En même temps que le signe devenait pour soi, un

1. Fichte, *Ecrits de philosophie première*, T. 2.

monde d'idéalités surgissait, où devait se manifester un monde *systématique*. Cassirer a reconnu «la différence qu'il y a entre la formation linguistique du concept et sa formation scientifique» (PFS, III, 369). Mais en même temps dans cette éclosion du sens comme indice il a reconnu l'identité d'un Logos que n'expliquent ni le sensualisme ni le rationalisme, c'est-à-dire , ce processus qui, au demeurant, s'accomplit par bien d'autres voies que celle ici retenue. Pour le montrer, critiquant Vossler, Cassirer va rejoindre Herder lui-même. Car le mot même ne doit jamais être considéré comme un simple produit de l'intuition; il renferme «un acte de "cette réflexion" dont le premier indice fut, comme le note Herder, "le mot de l'âme", c'est-à-dire un éveil hors "du rêve flottant des images" et des simples vécus sensibles»[1].

Mais , si l'on ose s'exprimer ainsi, la sémantique de la science se voit entraînée au-delà du domaine de la langue "naturelle" (PFS, III, 369). Ne pouvant s'en tenir aux premiers signes, il faut qu'elle en invente en respectant à la fois l'intégrité et l'univocité, tandis qu'elle se réfléchit sur soi, non pas comme sur un sommet isolé, mais dans le retour sur le développement qui l'anime, en sorte que le même processus caractéristique se répète à des niveaux différents, entraînant aussi bien la séparation entre monde de l'intuition "immédiate" et monde des concepts linguistiques que la dissociation des concepts logico-scientifiques et des concepts linguistiques. – On a souvent exprimé en termes de "labeur" ou de "travail" ce mouvement. Il faudrait bien plutôt le désigner comme une libre organisation. L'objection présentée par le sensualisme fut toujours la suivante : dans le signe en soi il voulait retrouver une métaphore sensible subsistante. Leibniz dit quelque part que la nature aime à exposer ouvertement en un point quelconque ses ultimes secrets, et à nous les mettre pour ainsi dire sous les yeux, immédiatement

1. Herder, *Ueber den Ursprung der Sprache* (éd. Suphan), Bd I, 96.

et par des témoignages visibles. Locke voit dans le langage une telle preuve qui justifie sa vision générale de la réalité intellectuelle : « Il sera plus utile, pour approcher un peu plus de l'origine de toutes nos notions et connaissances, d'observer comment les mots qu'on emploie pour former des actions et des notions tout à fait éloignées des sens, tirent leur origine des idées sensibles, d'où ils sont transférés à des significations plus abstruses. » Il poursuit ainsi son analyse des mots : « Ainsi les mots suivants, "saisir", "comprendre", "représenter", etc., sont tous empruntés à des opérations des choses sensibles et appliqués à certains modes de penser. Le mot *esprit* (*spirit*), dans sa première signification, c'est le *souffle* (*breath*), et celui d'ange signifie messager, envoyé. Et je ne doute pas que si nous pouvions remonter aux racines de toutes les expressions, nous retrouvions dans toutes les langues ce même usage, qui consiste à utiliser des dénominations sensibles pour des choses qui ne le sont pas. D'où nous pouvons conjecturer quelle sorte de notions avaient ceux qui parlaient les premiers ces langues-là, et comment la nature suggéra inopinément aux hommes l'origine et le principe de toutes leurs connaissances par les noms mêmes. Car toutes les idées que nous avons sont issues, soit d'objets sensibles extérieurs à nous, soit de l'activité interne de notre esprit dont nous prenons immédiatement conscience » (Locke, *Essay,* III, 1, sec. 5).

Telle est la thèse du sensualisme, en son expression la plus fondamentale. Son raisonnement serait juste, si le développement de la pensée ne nous enseignait pas l'inverse. Loin de se borner aux signes contenus dans la langue, la pensée, suivant son pouvoir schématique, en invente d'autres, qui se distinguent des premiers, précisément parce qu'ils n'ont plus couleur, ni figure : « de moyens d' "expression" et de "figuration" intuitive, *ils se sont changés* en purs supports de significations et ce qu'ils visent est au-delà de la perception » (PFS, III, 374). Et sans doute ne s'agit-il là que d'une étape; le signe, parce qu'il demeure dit et ainsi vécu, même s'il est un non-sensible pur ne s'affranchit pas de la polarité concrète et vivante du sujet et de l'objet. Dans le langage le plus commun il se trouve une multiplicité de signes qui sont des non-sensibles purs, et pourtant par là l'essence du signe n'est pas développée en soi et ne doit pas l'être, selon Cassirer, si l'on veut conserver à un discours sa valeur mélodique où s'exprime la «participation intime du moi au contenu dont on parle» (PFS, III, 375). Aussi une étape ultime doit être franchie. Il faut passer "les colonnes d'Hercule du langage", pour, se dépouillant de tout ce qui est subjectif, pénétrer dans le temple de la science «qui efface, dans ses signes symboliques et dans ses concepts, tout ce qui possède quelque valeur de pure expression». Le concept pluriel des "langues" perd désormais toute légitimité. Advient l'idée de la *mathesis universalis*, celle de la *characteristica universalis* qui entre en jeu comme *lingua universalis*.

Par le langage et les signes qu'il renferme la pensée humaine, selon Cassirer, était parvenue à conquérir sur les choses perçues une *distance* que, bloquée dans l'intuition, la pensée animale ne peut saisir[1]. Mais voici que les "lointains" de l'espace et du temps ne suffisent plus. Il faut s'élever à ce qui peut ne plus être temps ou espace, mais pur signe en soi qui se donne dans le savoir. Pour exprimer sa pensée Cassirer a voulu nous donner l'exemple de ce qui est à la fois le plus près des choses et en même temps le plus loin : le *nombre,* dont il assure que «toute conceptualisation exacte y prend sa source». *Dénombrer* est un acte simple. Etudiant le mythe nous avons expliqué comment l'homme se sert de son

1. Bien entendu Cassirer n'a pas manqué de prêter attention à ce que l'on nomme fort inexactement le langage des abeilles. Non que les abeilles ne soient effectivement capables de transmettre un signe compréhensible à distance. Mais ce qui caractérise ce signe c'est d'être inclus dans une perspective définie et unique et d'être incapable de coexister avec d'autres signes relevant d'autres perspectives. Plus que *Sinngebung* le signe animal est *Mitteilung,* il indique moins qu'il ne fait *partager* (dans *Mitteilung* dont use Cassirer, il y a l'idée de *partie* (*Teil*). En réalité l'abeille ne signifie rien ; *elle fait part.*

corps comme ligne de dénombrement. Avoir une main, c'est savoir calculer – mais il n'y a que l'homme qui le comprenne. Dans l'acte de ma main il y a deux choses simples à entendre. D'une part ce n'est pas *mon* doigt que je compte, mais mon doigt en tant qu'il est *signe de* ... D'autre part me servant de ma main, je ne mets pas toujours en mouvement le même doigt, mais je lève le pouce, puis l'index, etc. Il y a donc un *ordre* de désignation, qui peut être bien complexe, tant il y a de moyens de se servir de ses doigts. Un mot suffit pour la désigner : c'est une *opération*. – Il va de soi qu'à travers le long chemin de la connaissance cette opération abolira bien des obstacles, bien des objections extérieures, à commencer par la fausse interprétation sensualiste de sa source, pour devenir une réflexion idéale, ou pour parler comme Leibniz, une connaissance des ordres du possible. Rien de plus faux que l'interprétation de Mill dérivant «l'arithmétique des petits pains et des cailloux» (PFS, III, 381). Après Frege, Cassirer en fait justice. Mais en même temps trois déterminations enlacent sa pensée.

1. La première s'illustre dans un propos de Descartes : «Portent aujourd'hui un masque des sciences qui, une fois ce masque ôté, apparaîtraient très belles; à qui aperçoit toute la chaîne des sciences il ne semblera pas plus difficile de les tenir dans son esprit que de retenir la série des nombres» (PFS, III, 387).

Cassirer citant ce texte de Descartes ne l'entendait pas seulement comme on a coutume de le faire afin de souligner la conception, si vantée, de l'unité de la science rendue possible par le signe. Il voulait indiquer que s'émancipant en trouvant son langage, la science émancipait aussi le savant. Lorsque Descartes présente dans le *Discours de la méthode* son œuvre scientifique, il adopte un ton très personnel, montrant que son premier souci n'est pas de s'agréger à Albert le grand, connu comme le "doctor universalis", Thomas d'Aquin surnommé le "doctor angelicus", Duns Scot, le "doctor subtilis". Contre la chaîne d'or des grands esprits le *Discours* fait valoir l'unité de la science libérant le savant.[1]. Dans un de ses derniers textes – *Determinismus und Indeterminismus in der modernen Physik* – Cassirer n'a pas hésité à soutenir qu'elle se développait en dépit (ou : à cause) des divergences épistémologiques des savants eux-mêmes : « Galilée et Kepler, Huyghens et Newton, Robert Mayer et Helmholtz, Kirchoff et Mach ont réfléchi les uns et les autres sur la spécificité de la "démonstration" en physique ; ils ont cherché à en découvrir le principe fondateur et à en donner une définition. Mais ces définitions ne se laissent pas ramener à l'unité, et en des déterminations importantes et essentielles elles s'écartent considérablement les unes des autres. »[2] *A l'unité de la science correspond la diversité de l'épistémologie.* Cette diversité n'est pas le résultat de la liberté instaurée par le *Discours de la méthode,* ni la rupture de la chaîne d'or. Il semble que Cassirer ait pensé qu'entre une découverte scientifique et les pensées qu'elle inspire à son auteur, et une juste compréhension de cette découverte scientifique elle-même située enfin, après beaucoup de temps, à sa place dans le *système* des sciences, un temps considérable soit nécessaire. Entre ces deux moments il y a place pour une diversité épistémologique – par exemple les idées que son travail scientifique dictent à Newton – dont on ne saurait trop apprécier l'importance. *Aussi l'histoire cohérente des sciences* – qui soutient, bien entendu, l'unité des sciences – *n'est pas contemporaine du devenir effectif des sciences* et c'est au nom de l'idée systématique des sciences que l'histoire proprement dite doit nuancer, rectifier, corriger la diversité épistémologique. C'est qu'il y a beaucoup de choses que nous *savons* de manière précise, approfondie, et exacte et que cependant nous ne *connaissons* pas vraiment.

1. E. Cassirer, *Descartes, Lehre, Persönlichkeit Wirkung,* Stockholm, 1939, 229.

2. E. Cassirer, *Zur modernen Physik,* Oxford 1957. On trouvera à la fin de cette édition du volume de Cassirer une étude critique pénétrante de Henry Margenau qui a cherché à définir la structure de la démarche dans l'interprétation de la physique quantique.

2. La seconde idée est plus répandue. Cassirer n'oublie pas le grand thème de Cohen : depuis les Grecs très peu de grandes nouvelles idées ont été proposées à l'esprit humain. Mais il apporte une précision. Les systèmes de signes, qui justement nous autorisent à pénétrer la réalité, se sont multipliés. Il semble que Cassirer ait été obligé de s'éloigner de Natorp. On se souvient comment l'auteur des *Fondements des sciences exactes,* après avoir étudié sérieusement Dedekind, avait rédigé un texte très violent contre la notion de nombre imaginaire et ses développements. Cassirer justifie ainsi ce mouvement : « On ne peut suivre ce processus caractéristique de libération, d'émancipation logique dans tous les domaines particuliers à l'intérieur desquels l'introduction d'éléments idéaux a révélé son importance. La pensée ne devait pas y craindre de passer par l' "impossibilité" apparente... La découverte de l' "imaginaire" en mathématiques et les divers essais en faveur de sa légitimation logique fournissent un exemple classique de cette tendance maîtresse de la pensée mathématique » (PFS, III, 434). Si l'on s'en tient à cet exemple, hautement significatif – seules les grandeurs imaginaires pouvaient permettre une systématisation de l'algèbre – la valeur et la légitimation « de l'élément nouveau consiste dans tous les cas en ce que la nouvelle dimension d'analyse où il nous fait entrer, au lieu de prolonger les rapports qui régissaient la dimension antérieure, apporte au contraire un perfectionnement essentiel à notre vision de cette dernière. » (*Ibid.*) Si la terminologie n'était pas ici si peu propre à subir des métaphores, nous dirions à propos de la grandeur imaginaire qui autorise la systématisation de l'algèbre comment le concret ne se gouverne que par l'abstrait, et que le nombre imaginaire fondant un retour déterminant sur l'élément antérieur est une ré-flexion. Mais entre Natorp et Cassirer le paysage mathématique s'était transformé. Dans une foule de travaux les conceptions reçues avaient été dépassées et

Cassirer jugea décisifs les travaux de Hilbert[1]. On voit dès lors en quel sens Cassirer s'orientait. D'un côté se présentait le théorème de Cohen sur le petit nombre de principes. D'un autre côté les systèmes de signes s'étaient multipliés et permettaient de mieux comprendre la réalité, mais surtout dans les domaines où il ne faut pas avoir peur de l'impossibilité, autorisant des fondations jusque là considérées comme sans avenir.

3. La troisième détermination enlaçant la pensée de Cassirer repose à la fois sur des concepts et des impressions. L'histoire des sciences a enseigné que bien souvent les équations conçues dans une théorie avaient la même forme dans une autre théorie, et c'est ainsi que Maxwell a unifié « le phénomène de la lumière avec les phénomènes électriques, du fait que le même type de caractérisation s'obtient pour les deux dès qu'on essaie de les exprimer et de les désigner avec exactitude par des nombres » (PFS, III, 484). A notre sens Cassirer a jugé qu'ici la pensée se trouvait à la croisée des chemins. D'une part il a souligné la fécondité du signe symbolique. Il y a, dit-il, en lui une *Spürkraft,* comme un "flair". La mathématique tandis qu'elle examine un domaine en étudie déjà un autre. Elle nous permet d'aller au devant du réel, portée, il faut bien le dire, par on ne sait quelle forme magique ou faculté divinatoire qui l'autorise à devancer l'homme même. Si claires les mathématiques ne laissent pas d'envelopper une mystérieuse fécondité. Cassirer, s'il s'est étonné, ne s'est pas étonné devant l'être, mais devant la forme qui permet de le saisir. D'autre part le travail concret des savants, en dépit de leurs divergences épistémologiques, les conduit à trouver des identités de relations fonctionnelles et symboliques dans des domaines jusque-là jugés distincts. Faut-il donc penser – quoi qu'on dise – que le réel est, en un sens, bien moins vaste que nous ne le disons, que la diversité, par exemple, ne reposait que sur notre grossière

1. D. Hilbert, *Axiomatisches Denken,*1918 ; *Neubegründung der Mathematik,*1922 ; *Ueber das Unendliche,* 1926.

appréhension des phénomènes : comment apprécier dès lors les formes symboliques ? Faut-il en souligner toujours la *Spürkraft* ou ne voir en celle-ci que le phénomène naturel d'une identité des choses que l'homme n'avait pas encore entrevue ? Ce n'est pas en vain qu'on est leibnizien. Cassirer opte pour la première branche de l'alternative, sans cesser de penser à la seconde énoncée par Gœthe : *Tout fait est déjà théorie* (PFS, III, 452).

Mensch, was du liebst, in das wirst verwandelt werden :
Gott wirst du, liebst du Gott, und Erde, liebst du Erden.

Mensch, werde wesentlich : denn wann die Welt vergeht,
So fällt der Zufall weg ; das Wesen, das besteht.

Gott ist in mir das Feuer – und in ihm der Schein ;
Sind wir einander nicht ganz inniglich gemein ?

Extrait des *Distiques du "voyageur chérubinique"* d'Angelus Silesius.

*

Homme ce que tu aimes en cela tu seras transformé :
Si tu aimes Dieu tu deviendras Dieu et terre si tu aimes la terre.

Homme deviens essentiel : l'ici-bas passe et meurt
le hasard avec lui – l'essence est ce qui subsiste.

Dieu c'est en moi le feu et je suis sa lueur
Qui donc saurait rêver communion meilleure ?

CONCLUSION

Il est toujours difficile de résumer, comme si c'était un système – et encore les systèmes n'offrent pas toujours le calme qu'ils semblent promettre – la vie d'une école. Ce fut un fait très simple qui détermina la fondation de l'Ecole de Marbourg. L'université de Marbourg était un des rares établissements universitaires permettant à H. Cohen d'accéder au rang de professeur ordinaire, car il était juif. Un membre de la commission de nomination reconnut avoir voté contre Cohen pour cette seule raison. Et les choses furent moins simples qu'il n'y paraît . D'une part Cohen acquit la conviction que certains de ses élèves ne pouvaient suivre une carrière normale précisément parce qu'ils avaient été les élèves d'un professeur juif. D'autre part en son exégèse de Kant – surtout en ce qui concerne la notion d'Etat – Cohen craint de "judaïser" le kantisme. On a dit, non sans raison, que souvent il introduisait dans la philosophie morale de l'auteur de la *Critique de la Raison pratique* des notions que dans *La religion dans les limites de la simple raison* Kant présentait comme spécifiquement juives, en particulier la valeur éthique de l'Etat. Nous avons indiqué au passage que la substitution du terme *Ethique* à celui de *Morale* n'était pas dépourvue de sens.

C'est une chose que l'on savait – mais que l'on sait encore mieux grâce aux documents publiés par Holzhey dans son *Cohen und Natorp* – et qui se manifestait avec une grande force dans la troisième édition de la *Kants Theorie der Erfahrung*, que Cohen et beaucoup de ses amis ne voulaient pas être regardés comme des juifs allemands, c'est-à-dire comme des juifs et des allemands, mais vraiment comme des citoyens, juifs, allemands, coulés dans un seul métal. De ce point de vue l'Ecole de Marbourg, en dépit de ses sympathies, n'envisagea jamais de ressembler au mouvement de l'*Aufklärung* unissant Lessing et Mendelssohn.

De Mendelssohn on peut dire (avec prudence) qu'il se sentait juif de langue allemande. De Cohen on ne le pouvait dire et personne ne s'est trompé là-dessus. Personne non plus ne s'est trompé sur le sens exact du dernier grand livre publié en Allemagne par Cassirer en 1932 : *La philosophie des Lumières*. Cassirer n'entendait pas revenir à Lessing et Mendelssohn, mais offrir à ses concitoyens en ces temps si troublés des leçons claires et lumineuses, des leçons rationnelles, sur les concepts et les sciences de cette grande époque de l'esprit humain qui apprit alors à se respecter et à s'aider. Ces juifs-allemands étaient des rationalistes dominés par l'internationalisme.

Et cependant ce mouvement né avec la thèse de Cohen en 1871, ébranlé dès la Première Guerre mondiale, s'effondra lorsque parut l'Allemagne nazie. Nous aurions aimé écrire le long combat de Cassirer pour le rationalisme. Son exil – auquel seule la mort apporta un terme – dura plus de dix ans. Nous estimons qu'il serait peu sage de conclure ce petit ouvrage par des considérations sur ce que l'on peut considérer comme le début de l'exil de Cassirer, je veux dire la si célèbre conférence de Davos. La plus solide raison est la suivante. Il a été ici question de l'Ecole de Marbourg et de la place qui fut celle de Cassirer. Or si passionnante, si brillante que fut la conférence de Davos, elle ne conduisit pas Cassirer – comme le montrent ses écrits postérieurs – à tout changer dans sa pensée, même s'il croyait que dans la réflexion philosophique des bouleversements passagers allaient se produire. On a vu ce qu'il pensait de l'épistémologie, comment à son point de vue les hommes mettaient du temps à *connaître* leur *savoir*. Il n'était pas trop tôt pour assurer Heidegger d'une estime méritée ; il était trop tôt pour savoir s'il fallait le respecter comme Kant.

Deux remarques peuvent être présentées. Comme le faisait observer le regretté Dussort dans sa thèse inachevée sur l'*Ecole de Marbourg,* deux raisons expliquaient l'insuccès de cette orientation de pensée. La première peut être formulée dans les termes mêmes de Dussort : « Mentionnons d'abord la cause majeure de cet état de fait, l'ignorance de l'Ecole de Marbourg en France : des œuvres de Cohen et de Natorp, si riches et diverses, *rien,* rigoureusement rien, n'a été traduit. » (Dussort, 131). Le jugement de Dussort est encore exact en ce qui touche Cohen et Natorp. Quand on songe qu'ils ont véritablement dominé la pensée allemande de 1871 à 1913, il y a là une inexplicable aberration. Les Allemands, eux, connaissaient Bergson. L'effort de traduction s'est amélioré du côté de Cassirer. Mais il ne peut prétendre être vraiment fécond. Cassirer coupé de ses grandes bases que sont Cohen et Natorp est parfois peu clair. Sans Cohen le livre qu'il a consacré à Kant ne se laisse pas entendre. Puisque nous sommes dans le domaine de l'inventaire, signalons après Dussort les trois ouvrages consacrés à l'Ecole de Marbourg. 1° Alice Stériad, *L'interprétation de la doctrine de Kant par l'Ecole de Marbourg,* 1913. 2° L. Rosenzweig, *La Restauration de l'a priori kantien par H. Cohen.* 3° J. Vuillemin, *L'Héritage kantien et la révolution copernicienne* (1954). Aux Etats-Unis la pensée de Cassirer a connu un vif succès et Robert Nadeau (Département de philosophie, Université du Québec à Montréal) a établi une bibliographie imposante. Si on élimine les auteurs accidentels français respectables (cités parce qu'ils ont dit quelques mots de Cassirer dans un de leurs livres, par exemple J. P. Cotten, *Heidegger,* Paris, 1974) il n'existe que deux contributions intéressantes : Meyerson, E, *L'histoire du problème de la connaissance de M. E. Cassirer, Revue de Métaphysique et de Morale,* XIX (1911) et Seidengart, T, *Néo-kantisme et relativité, la mesure dans les sciences physiques, Revue philosophique de la France et de l'Etranger,* 1984.

La seconde raison qui explique l'insuccès de l'Ecole de Marbourg en France fut très certainement l'impérialisme, au bon sens du terme quand même ! de la pensée bergsonienne en France. En Allemagne les meilleurs esprits se réclamaient de Cohen et de Natorp et en France on se nourrissait de Bergson. Et ce fut dans ces conditions que le phénomène le plus inattendu et le plus incroyable se produisit. Au début de ce livre on a insisté sur le vide qu'avait laissé l'écroulement de la pensée hégélienne, jugée vaine et sans force, tant son discours proprement scientifique, sa théorie de la nature – sa *Farbenlehre* étant un diamant bien douteux – était incapable de se soutenir. Mais sans qu'on sût comment, car l'appui de Marx ne suffisait pas et était à double tranchant, l'hégélianisme se relevait. Vers les années 1920 une revue "hégélienne" parut ; elle s'intitulait significativement *Logos*. Mais celui qui donna le ton fut R. Kroner dans son livre célèbre *Von Kant bis Hegel* – il rejetait d'un coup la moindre critique dirigée contre Hegel , car affirmant avec énergie "le rationalisme de Hegel" (*op; cit.*, bd II, p. 270) il ajoutait : «Sans aucun doute Hegel est le plus grand irrationaliste que l'histoire de la philosophie connaisse» (II, 271) et afin qu'on cesse de se pencher sur la désastreuse *Naturphilosophie* il ajoutait : «Peut-être que la Phénoméno-logie est de toutes les œuvres de Hegel la plus "moderne"» (II, 396). Une meilleure collaboration entre l'Ecole de Marbourg et le bergsonisme eût interdit ce monstrueux renouveau, peut-être inévitable, mais dont on ne voit pas ce qu'il a apporté de neuf à la science philosophique.

Je ne voudrais pas achever ce modeste livre sans évoquer la main qui se tendit à moi dans la nuit où était plongée l'œuvre de Hermann Cohen. Sans savoir comment payer – c'est une question qu'on se pose quand il est trop tard – je m'étais rendu dans la charmante librairie de littérature allemande que dirigeait Martin Flinker. Beaucoup l'ont connu et je ne m'attarderai pas à décrire l'extraordinaire mobilité de sa physionomie si pénétrante et dans son sourire attentive. Expliquer comment les choses se passèrent serait beaucoup trop long, mais le résultat était clair : en échange d'une promesse – être agrégé de l'université – Martin Flinker m'avait remis tout ce qu'il possédait de Marbourg. C'était agrégé que je verserais l'argent. Ainsi fut dit, ainsi ne fut pas fait. Martin Flinker refusa toujours de reconnaître, avec une rare obstination, m'avoir *vendu* les livres de Cohen. *Vendus* – jamais ! *Donnés :* il ne s'en souvenait pas. *Prêtés* – peut-être. Voilà comment j'en suis venu avec tant de joie à ces nuits charmantes où j'admirais dans la chose en soi le principe suprême de l'expérience. Juif, allemand, Martin Flinker est mort il y a quelques années. Il avait été fait Chevalier de la Légion d'honneur.

BIBLIOGRAPHIE

PRINCIPAUX OUVRAGES CITÉS

Je souligne l'édition citée de préférence et j'indique les sigles qui dans le texte servent de référence.

Hermann Cohen

Kants Theorie der Erfahrung, 1871, 1873, 1918 (KTE)
Kants Begründung der Ethik, 1873, 1910 (KBE)
Kants Begründung der Aesthetik, 1889 (KBA)
Ethik des reinen Willens, 1904, 1907 (EW)
Aesthetik des reinen Gefüls, 1912 (AG)
Kommentar zu Immanuel Kants Kritik der reinen Vernunft, 1907
Das Prinzip der Infinitesimal-methode und seine Geschichte, 1883, 1968 (PI)
Religion der Vernunft, 1966 (RV)

Paul Natorp

Die logischen Grundlagen der exacten Wissenschaften, 1910 (LGW)
Platos Idenlehre, 1921 (PLI)
Philosophische Systematik, 1958 (PS)
Allgemeine Psychologie nach kritischer Methode, 1912 (AP)
Kant ueber Krieg und Frieden, ein geschichtsphilosophischer Essay, 1924
Descartes' Erkenntnisstheorie, Eine Studie zur Vorgeschichte des Kriticismus, 1832

E. Cassirer

Nous citons des traductions en langue française, mais l'analyse a toujours été fondée sur le texte allemand.

Leibniz' System in seinen wissenschaftlichen Grundlagen, 1902 (LS)

Das Erkenntnisproblem in der Philosophie und Wissenschaft der neueren Zeit, 1906-1907 (EP)

Substance et Fonction, Eléments pour une théorie du concept, 1975, traduction de l'ouvrage de 1910 (SF)

Freiheit und Form, 1916 (FF)

Kants Leben und Lehre, 1918

Zur Einsteinschen Relativitätstheorie, 1921 in *Zur modernen Physik*, Oxford, 1957 (PE)

La philosophie des formes symboliques (PSF)

— 1. *Le langage*, 1972 (1922)

— 2. *le mythe*, 1972 (1925)

— 3. *La phénoménologie de la connaissance*, 1972 (1929) (PFS avec indication du tome) éd. de Minuit, Paris 1972.

Wesen und Wirkung des Symbolbegriffs, Oxford, 1956 : recueil d'articles comprenant :

— 1. *Die Begriffsform im mythischen Denken*

— 2. *Sprache und Mythos. – Ein Beitrag zum Problem der Götternamen*

— 3. *Personen – und Sachverzeichnis*

— 4. *Der Begriff der symbolischen Form im Aufbau der Geisteswissenschaften*

— 5. *Zur Logik des Symbolbegriffs*

Individuum und Kosmos in die Philosophie der Renaissance, 1927

Die Philosophie der Aufklärung, 1932

Determinismus und Indeterminismus in der modernen Physik, in Zur modernen Physik, Oxford 1957

The question of Jean-Jacques Rousseau, ed. P. Gay, 1954 (Le problème de Jean-Jacques Rousseau in *Revue de Métaphysique et de Morale*, 91e année, nos 2, 3, 4)

The Myth of the State, Yale 1955

Rousseau, Kant and Gœthe, Yale 1962
*Essai sur l'homme,*1975

On ajoutera à cette brève liste trois textes posant chacun à sa manière une question.

1 – *Descartes, Lehre, Persönlichkeit, Wirkung,* Stockholm, Bermann Fischer Verlag, 1939. L'intention de ce volume fut manifestement de regrouper tous les textes de Cassirer sur la pensée cartésienne. Mais il manque la dissertation comprise dans le volume consacré à Leibniz en 1902.

2 – *The Problem of Knowledge.* Ce volume est paru à Yale en 1949 après la mort de Cassirer. En principe Cassirer avait en 1905 conçu en deux volumes (de Nicolas de Cuse jusqu'à Kant) son travail célèbre : *Le problème de la connaissance.* Il compléta cet ouvrage en 1919 (et non pas comme le laissent entendre malheureusement ses brillants traducteurs A. Renaut et L. Ferry en 1907) par un troisième volume. Consacré à la métaphysique allemande post-kantienne (publié en français sous le titre : *Les systèmes post-kantiens,* 1983) ce travail ne se lie pas vraiment à ceux qui le précèdent. On pourrait parler de changement d'orientation, si Cassirer ne demeurait rationaliste. *The Problem of Knowledge* constituerait le quatrième volume de la série. Sans contester l'authenticité du travail on peut remarquer que sur certains points – le concept de nombre – Cassirer renouvelle à peine ses textes antérieurs. Les considérations sur le darwinisme sont plus remarquables. La troisième partie consacrée aux formes fondamentales de la connaissance historique aurait dû à elle seule constituer le vrai quatrième volume de la série. – Ajoutons pour finir cette remarque que les manuscrits de Cassirer sur l'histoire font et ont fait l'objet d'études savantes.

3 – *Ernst Cassirer – Martin Heidegger, Débat sur le kantisme et la Philosophie* (Davos, mars 1920) et autres textes de 1929-1931 présentés par Pierre Aubenque, etc. a été retiré du commerce à la suite d'un malentendu entre les éditeurs.

En ce qui concerne les œuvres des grands auteurs elles ont été citées 1° selon leur réputation classique. On a cité par exemple Wilhem von Humboldt *Gesammelte Schriften, Herausgegeben von der Königlich Preussischen Akademie der Wissenschaften,* Berlin 1903. 2° On a renoncé à citer des éditions dont la valeur scientifique est indiscutable, mais qui en voie de publication offrent encore trop peu de textes. C'est le cas pour Schelling. On a donc utilisé l'édtion bien connue de Schröter. 3° Bien que complète l'édition des œuvres de Kant par Cassirer ne dépasse pas celle de l'Académie qui n'était pas achevée lorsqu'il débuta la sienne. Pour des motifs difficilements explicables les éditeurs de l'Académie, bien obligés de laisser Cassirer présenter l'œuvre de Kant, c'est-à-dire les écrits publiés de son vivant et signés par lui, refusèrent de communiquer des inédits importants. Le résultat est qu'il faut se reporter à l'édition de l'Académie.

Dans son ouvrage important et récent *Cohen und Natorp,* le professeur Holzhey a donné des éléments d'information impressionnants, bien qu'il ait suivi un ordre critiquable.

On trouvera à la fin du premier volume :

– les principaux écrits de Cohen et de Natorp ;

– la bibliographie des ouvrages ou œuvres de Cohen imprimés ;

– une bibliographie sur l'Ecole de Marbourg. La brillante étude de S. Zac sur la Philosophie religieuse de Hermann Cohen est indiquée et s'ajoute ainsi aux deux publications relevées par Robert Nadeau.

Dans son second volume le professeur Holzhey a publié des inédits et des documents (principalement des lettres – 175.). Il a entrepris par ailleurs une édition des *Œuvres* de Cohen (*Werke*). Cette édition qui comprend déjà des œuvres importantes (tout le système de la philosophie de Cohen) et qui devrait bientôt publier les textes en lesquels Cohen proposa son interprétation de Kant sera sans doute limitée. Nous ne croyons pas (bien que nous l'espérions) que les écrits de philosophie juive de Cohen seront publiés. On verra des *Werke* et non pas des *Sämtliche Werke*. Les volumes parus sont brillants : chaque œuvre éditée a été l'objet d'une soigneuse révision. Les textes sont clairs et bien introduits.

En ce qui concerne P. Natorp il ne vient à l'esprit de personne de publier sinon ses œuvres complètes, du moins comme vraisemblablement Cohen ses "œuvres". Erreur capitale. L'érudition heidegerienne, par exemple, sait bien l'importance que l'auteur de *Sein und Zeit* attachait à Natorp. – Enfin en ce qui concerne Cassirer le sort s'est montré moins injuste. Sa pensée est de mieux en mieux connue, ses livres sont réédités et souvent traduits. On peut espérer de ce côté la publication d'œuvres complètes sans se cacher que les délais seront très longs.

TABLE DES MATIÈRES

ACHEVÉ D'IMPRIMER
LE 10 AVRIL 1989
PAR L'IMPRIMERIE
DE LA MANUTENTION
A MAYENNE
N° 114-89